Gudrun Spitta
Von der Druckschrift zur Schreibschrift

П. F

D1843828

Lehrer-Bücherei: Grundschule

Herausgegeben von Horst Bartnitzky und Reinhold Christiani

Gudrun Spitta

Von der Druckschrift zur Schreibschrift

Entdeckendes Schreibenlernen
Schreibenlernen mit Druckschrift
Übergänge zur Schreibschrift

scriptor

CIP-Kurztitelaufnahme der Deutschen Bibliothek

Spitta, Gudrun:
Von der Druckschrift zur Schreibschrift :
entdeckendes Schreibenlernen; Schreibenlernen
mit Druckschr.; Übergänge zur Schreibschr. /
Gudrun Spitta. – 1. Aufl. – Frankfurt am Main:
Scriptor, 1988
(Lehrer-Bücherei: Grundschule)
ISBN 3-589-05014-4

1. Auflage 1988
© 1988 Scriptor Verlag GmbH, Frankfurt am Main
Das Werk und seine Teile sind urheberrechtlich geschützt.
Jede Verwertung in anderen als den gesetzlich zugelassenen Fällen
bedarf deshalb der vorherigen schriftlichen Einwilligung des Verlages.
Umschlagentwurf: Dietrich Kahnert, Berlin
Satz: Computersatz Bonn GmbH, Bonn
Druck · Bindearbeiten: Hans Kock Buch- und Offsetdruck GmbH, Bielefeld
Vertrieb: Cornelsen Verlagsgesellschaft, Bielefeld
Printed in West-Germany
ISBN 3-589-05014-4

Vorwort

Kurz nachdem im Herbst 1985 der Band „Kinder schreiben eigene Texte, Klasse 1 und 2“ erschienen war, in dem ich anhand von Unterrichtsdokumentationen aus mehreren Schulanfängerklassen dargelegt hatte, daß und wie Kinder ihren individuellen Lese- und Schreiblernprozeß von Anfang an durch eigene Textproduktion selbst „in die Hand nehmen“ (können), wurde ich von verschiedenen Seiten gebeten, den sogenannten „handfesten“ bzw. „technischen“ Aspekt dieses Prozesses – den Erwerb der Schriftzeichen und Bewegungsabläufe für das Schreiben von Druck- bzw. Schreibschrift – einmal gesondert und ausführlich darzustellen.

Je länger ich über dieses Ansinnen nachdachte, desto klarer wurde mir, daß ich genau dieses nicht tun wollte: die grapho-motorischen Aspekte des Schreibens zu isolieren und diese losgelöst von der für das einzelne Kind subjektiv bedeutsamen Schreibhandlungssituation als formales (sinnentleertes) Training zu präsentieren.

Mit den Ergebnissen einer solchen Art von „Teilchen-Didaktik“ (Brügelmann) haben Kinder in den Schulen in Form von Schreibvorkursen, Schwungübungen und Schreiblehrgängen häufig mehr als genug zu tun.

Eine Darstellung, wie sie mir vorschwebte, müßte daher – durch Theorie und Dokumentation von Praxis – versuchen, genau das zusammenzubringen, was bislang in der Schreibdidaktik apodiktisch als voneinander zeitlich getrennt zu behandeln angesehen worden war, nämlich

- den Erwerb des Schreibens als kommunikativer Handlung und
- den Erwerb der dazugehörigen „technischen Manipulationen“ zum Erzeugen der Schreibzeichen,

wobei im traditionellen Verständnis die zeitliche Abfolge festgelegt war auf „erst Technik und viel später dann Kommunikation“.

Darüber hinaus sollte gezeigt werden, wie ein solches Unternehmen orientiert an den tatsächlichen Schreibinteressen der Kinder ablaufen könne, um durch die kontinuierliche Erfahrung der subjektiven Bedeutsamkeit von Schreiben (im weitesten Sinne) bei den Kindern eine stabile Motivationsgrundlage zur Aneignung der Schriftsprache aufzubauen.

Das vorliegende Buch zeigt den Versuch, diese in der Erwerbsphase bislang als unvereinbar betrachteten sowie im Unterricht isoliert (oder gar nicht) behandelten Aspekte von Schreiben von Schulbeginn an produktiv aufeinander zu beziehen.

Ich danke den vielen Lehrerinnen und Lehrern, die mit großem persönlichen Engagement (und gegen manchen Widerstand) in ihren Klassen mit dieser Konzeption gearbeitet haben.

Besonders danke ich den *Kindern* für die vielen aufregenden Ideen und Vorschläge, mit denen sie die Lernprozesse in ihren Klassen beeinflußten, wovon ich viel gelernt habe.

Berlin, März 1987

Gudrun Spitta

Inhalt

Schreiben ist mehr als motorischer Vollzug

Begibt man sich auf die Suche nach produktiven Wegen zum Schreibenlernen, ist es sinnvoll, sich zunächst über den Begriff „Schreiben“ Klarheit zu verschaffen. Das mag auf den ersten Blick etwas umständlich oder überflüssig erscheinen, meinen wir doch im Alltagsleben ziemlich genau zu wissen, was wir unter „Schreiben“ verstehen.

Spontan gegebene Antworten auf die Frage:

„Was ist eigentlich Schreiben?“ lauten in der Regel:

„Mitteilungen notieren“, „Gedanken zu Papier bringen“, „Sichtbarmachen von Gedanken“ oder „wichtige Informationen für andere festhalten“.

Dieses ist eine kleine Auswahl von Aussagen, gemacht von Menschen, die sich nicht berufsmäßig mit dem Schreiben und seiner Vermittlung befassen. Orientiert am tatsächlichen Schriftsprachgebrauch im Alltagsleben werden hier kurz und knapp wesentliche Funktionen (Erfassen, Festhalten, Mitteilen) und Komponenten (Notieren auf Material, hier Papier) des Schreibprozesses wiedergegeben. In welcher Schriftart ein Inhalt festgehalten wird, scheint für den normalen Schreiber relativ bedeutungslos zu sein.

Ganz anders sieht es aus, wird diese Frage an Lehrer/-innen gerichtet. Meistens stellen diese nach einem kurzen Moment des Nachdenkens eine Gegenfrage: „Schreiben? Welches Schreiben ist denn gemeint?“

Für Lehrer/-innen gibt es nämlich zwei unterscheidbare Arten des Schreibens: „Zunächst einmal meint Schreiben“, so erläutern sie häufig, „den grapho-motorischen Vollzug, das Schwingen und Spuren von Formen, Buchstaben, Buchstabenfolgen und Wörtern. Später, also wenn die Schreibbewegungen eingeschliffen sind, die eingeübten Wortbilder in ihren Schreibbewegungen automatisiert sind, so ab der 3. Klasse, dann meint Schreiben auch das Verfassen von Texten.“

Deutlich wird hier der Schreibbegriff in zwei Schreibkategorien gespalten, die durch ein zeitliches Nacheinander sowie durch qualitativ unterschiedliche Ansprüche charakterisiert sind. Im Rahmen dieser Auffassung von Schreiben kann jemand auch schreiben, der lediglich Formen, Formengefüge, Schreibbewegungsabläufe oder sogenannte Schwungwörter kopiert.

Im Sinne dieser Definition handelt es sich jedoch bei Kindern, die versuchen, erste Wörter oder kurze Sätzchen in Druckschrift selbständig zu notieren oder aber nach einer Vorlage herzustellen, nicht um Schreiben. „Druckschreiben ist kein Schreiben“, so wird in der Lehrerschaft vielfach argumentiert, „sondern ein Nachmalen von Buchstaben. Schreiben hat etwas mit rhythmischen Schreibbewegungen zu tun; das trifft auf das Herstellen von Druckbuchstaben nicht zu.“

Auch in fachdidaktischen Veröffentlichungen wird eine solche Auffassung als relevant vertreten, wenn zum Beispiel erklärt wird, daß im Anfangsunterricht das Druckschreiben schon deswegen „nicht mehr diskutabel“ sei, weil es „keine zügigen Bewegungsabläufe zuläßt, die für das Schreiben als grundlegend erkannt wurden“.[1]

Dabei kommt gerade dem Druckschreiben eine ausgesprochen hohe lebenspraktische Bedeutung zu, wenn jemand z. B. von seiner Versicherung oder der Polizei bei einem Schadensfall aufgefordert wird, den Schadenshergang leserlich in Druck- oder Maschinenschrift zu notieren, oder ein Lehrling seinen Arbeitsbericht selbstverständlich in Norm- bzw. Druckschrift abfassen muß.

Es ist schon bemerkenswert, zu welchen Ergebnissen ein „didaktisches Nachdenken“ über das Schreiben führen kann. Dabei haben die von mir hier angeführten Äußerungen keinen Seltenheitswert. Sie entstammen sämtlich Protokollnotizen aus Gesprächskreisen der letzten Jahre mit Lehrern/-innen zum Thema Schreibenlernen.

Für die betroffenen Kinder jedoch, die nach einem solchen zweigeteilten Konzept das Schreiben erlernen sollen, geht es dabei um mehr als um „merkwürdige Ansichten“. Nur allzuhäufig werden auf diese Weise traurige Schreibschicksale produziert, die nur im geringsten Fall durch Schreibunlust gekennzeichnet sind. Im schlimmsten Fall, und der ist immer noch zu häufig, handelt es sich dann um von der Schule produziertes, oft zu spät bemerktes völliges Schreib- (und Lese-)versagen.

So zum Beispiel auch im Fall des Schülers K., bei dem am Ende der 1. und 2. Klasse folgende erstaunlichen Sätze im Zeugnis standen: „K. s Leistungen im Schreiben sind befriedigend, im Lesen ausreichend. K. kann noch keine Buchstaben.“ Im 3. Schuljahr, nach einem Lehrerwechsel, stellte sich dann „ganz überraschend“ heraus, daß der Junge weder lesen noch schreiben konnte, es sei denn, es handelte sich um mit Akribie in Wortfolge und Schreibbewegungsablauf auswendig gelernte Diktattexte. Zwei Schuljahre lang hatte dieses Kind, ohne besonders aufzufallen, eine einzige, in die Irre führende Lese- und Schreibstrategie entwickelt, nämlich die des Auswendiglernens und Schönschreibens und hatte dabei angeblich noch befriedigende

1 Velthaus, 1970, S. 9.

Schreibleistungen erbracht. So geschehen nicht etwa vor langer Zeit, sondern im Schuljahr 1984/85. Die entsprechenden Unterlagen liegen bei der Schulpsychologischen Beratungsstelle des Bezirks.

Aufgrund einer lediglich formalen, auf die technische Seite des Schreibvorganges reduzierten Auffassung von Schreiben konnte die Lehrerin zu der bemerkenswerten Aussagenkombination kommen, die besagt, daß K. zwar noch keine Buchstaben könne, daß die Leistungen im Schreiben aber gleichzeitig befriedigend seien. Offenbar war für die Lehrerin die gelungene Erfüllung der technisch-formalen Aspekte des Schreibvorganges (das Schwingen, Spuren, Automatisieren von Rhythmus und Bewegung . . .) zwei Schuljahre lang von zentraler Bedeutung gewesen.

Reduziert man Schreiben auf Aspekte des automatisierten grapho-motorischen Vollzuges und beobachtet bzw. prüft während der ersten beiden Schuljahre vornehmlich diese Seite des Schreibprozesses, darf man sich nicht wundern, daß nach zwei Jahren „befriedigender" Leistung, in dem Moment, in dem das selbständige Verfassen von Texten beginnen soll, viel zu oft völliges Versagen diagnostiziert werden muß.

Diese auf den automatisierten, rhythmischen grapho-motorischen Vollzug fixierte Sichtweise des Schreibprozesses ist, wie Neuhaus-Siemons historischer Überblick zeigt, in jeweilig spezifischer Ausprägung ein charakteristisches Kennzeichen eines großen Teils deutschsprachiger Veröffentlichungen zum Schreibenlernen.[2]

In den letzten 10 Jahren allerdings hat in der Auseinandersetzung mit neueren sprachdidaktischen Ansätzen auch eine grundsätzliche Neubesinnung und Neuorientierung im Bereich des Schreibenlernens stattgefunden. Diese Bemühungen sind in einem gewissen Ausmaß mit den Bestrebungen Grünewalds um eine „vereinfachte Ausgangsschrift" verbunden.

In einem viel fundamentaleren Sinne allerdings haben sie ihren Ursprung in den Ergebnissen der Spracherwerbsforschung, deren Erkenntnisse über die aktive Aneignung von Sprache durch Kinder auch für das Schreiben, als besonderer Form des Sprachgebrauchs, relevant geworden sind. Ohne auf die Ergebnisse der Schriftspracherwerbsforschung hier im einzelnen eingehen zu können (siehe dazu die Literaturangaben im Anhang), ist als Ausgangsthese festzuhalten, daß das Schreibenlernen des Kindes gesehen werden muß als ein komplexer, in hypothesentestender Aneignungsweise ablaufender Problemlösungsprozeß, bei dem sowohl motivationale und intellektuelle als auch motorische Aspekte zum Tragen kommen.

2 Neuhaus-Siemon, Elisabeth, 1981, S. 13–54.

Im folgenden wird dieses Prozeßmodell näher erläutert. Dabei wird vornehmlich auf Arbeiten von Kainz, Hörmann und Wygotski sowie auf die neueren Ergebnisse der amerikanischen Forschungen zur Textproduktion (Hayes, Flower, Bereiter, Scardamalia) zurückgegriffen. Neuere deutsche Forschungsarbeiten konnten nur wenig berücksichtigt werden, da es – außer im grapho-motorischen Bereich – keine deutsche Forschungstradition zum Schreiberwerbsprozeß gibt.[3]

Der Schreibprozeß muß nach diesen Erkenntnissen modellhaft in der Art eines komplexen Problemlösungsverhaltens betrachtet werden. Durch Zielgerichtetheit und Rückbezüglichkeit der einzelnen Unterprozesse (Prozesse des Bereitstellens von Wissen, des Vergleichens, Überprüfens, Veränderns, Organisierens, Übertragens) erfolgt eine schrittweise Annäherung an die Zielvorstellungen hinsichtlich Thema, Intention, Adressat und Form.

Schreiben beruht demnach auf einem komplexen intellektuellen Leistungsverhalten, dessen einzelne Prozesse (Subprozesse) wechselseitig aufeinander bezogen sind. Beim Schreiben wirken intellektuell-sprachliche, psychische und motorische Aktivitäten zusammen, wobei die sprachlich-intellektuelle Aktivität Voraussetzung ist für den motorischen Vollzug, da nur geschrieben werden kann, was vorher innersprachlich ausgeformt wurde.

Inhaltlich handelt es sich dabei um folgende interdependent wirkende, gleichzeitig und nacheinander ablaufende Prozesse:

- selbständiges, gedankliches Entwerfen eines Inhaltes im Rahmen größerer Sinneinheiten;
- innersprachliche Ausformung auf Satz-Wortebene (inhaltliche, grammatische, syntaktische Konstruktion);
- Organisieren des sprachlichen Inhaltes in Schriftzeichen unter Aspekten der morpho-phonematischen Struktur unserer Orthographie;
- Erstellen der Schriftzeichen mit Hilfe von Werkzeug auf Material.

Schreiben als besondere Form des Sprachgebrauchs dient vor allem der Fixierung von Erfahrungen, Gefühlen und Gedanken zum Zweck

- der Mitteilung (kommunikative Funktion);
- der inhaltlichen Erfassung (Erfassungsfunktion);
- sowie dem Festhalten von Informationen (Aufzeichnungsfunktion).

Schreiben in seiner Vollform stellt – wie deutlich geworden sein dürfte – an Schulanfänger in einem Ausmaß komplexe, abstrakte Anforderungen, wie es Kindern dieses Alters kaum zumutbar scheint.

Hierin ist auch ein scheinbar berechtigter Grund zu sehen für die aus „pädagogischer Fürsorge" getroffene Aufspaltung des Schreibvorganges in einen zunächst nur motorisch nachvollziehenden und später erst intellektuell selbständigen Prozeß. Diese willkürliche Trennung ist aus der Sicht der Erwachsenen begreifbar, aus der Perspektive des Kindes jedoch – wie im nächsten Kapitel dargelegt wird – unsinnig und auch didaktisch widersinnig.

3 Erst Anfang 1987 legte May ein Problemlösungsmodell für das Lesenlernen vor.

Schreiben lernt man auch am Anfang am besten durch Schreiben

Theoretischer Bezugsrahmen

Auf den folgenden Seiten werde ich den Begründungszusammenhang darlegen für das Vorgehen, Kinder von Schulbeginn an in Druckschrift *„richtig"* schreiben zu lassen, und zwar

1. aus der psycholinguistisch orientierten Analyse des Schreibprozesses heraus unter besonderer Berücksichtigung seiner Abstraktheit und seiner motivationalen Bedingtheit;
2. aus der Sicht des Kindes heraus, d. h. aus der Analyse der originären kindlichen Zugriffsweisen zum Schreiben heraus;
3. sowie aus dem Ansatz der didaktischen Elementarisierung heraus, d. h. unter Zugrundelegung eines Prozesses von Vereinfachung, der ohne wesentlichen Qualitätsverlust bzw. ohne Verlust des Gesamtzusammenhanges funktioniert.

Damit im Zusammenhang werden jeweils die negativen Auswirkungen auf den kindlichen Schreiblernprozeß dargelegt bzw. die Behinderungen der geistigen Entwicklung von Kindern beschrieben, wenn beim Schreibenlernen das aufgezeigte komplexe intellektuelle, motivationale Bedingungsgefüge zugunsten der Konzentration auf eine grapho-motorische Schulung außer acht gelassen wird.

1. Wie im vorigen Kapitel erläutert wurde, handelt es sich beim Schreibprozeß des Erwachsenen um einen komplexen Problemlösungsvorgang, bei dem die einzelnen Unterprozesse (des Entwerfens, des Formulierens, des Erprobens, des Überdenkens, ...) aufeinanderbezogen, gleichzeitig sowie nacheinander ablaufen und in ständiger Orientierung auf das Ziel hin korrigiert werden, bis das gewünschte Ergebnis in beabsichtigter Aussage sowie in inhalts- und adressatenbezogener Form vorliegt. Für den Schulanfänger ist dieser ohnehin intellektuell anspruchsvolle Prozeß durch weitere, *willkürliches abstraktes Denken* erfordernde Merkmale gekennzeichnet, wie sie dem kindlichen Geist bis zum Schuleintritt weitgehend unvertraut geblieben sind.
   Beim Schriftspracherwerb – bei ihren ersten Schreib- und Leseversuchen mit unserer Buchstabenschrift – erfahren die meisten Kinder zum ersten Mal in ihrem Leben, daß sie ihre Botschaft nicht direkt – wie beim Sprechen – übermitteln können bzw. die Nachricht nicht direkt – wie beim Hören – aus dem Geschriebenen entnehmen können, sondern dazu in die

Geheimnisse des Gebrauchs bestimmter kleiner Zeichen eingedrungen sein müssen. Haben sie in ihrer kindlichen Entwicklung zunächst begriffen, daß gesprochene Worte für etwas Gemeintes stehen, müssen die Kinder beim Schriftspracherwerb zwei weitere Abstraktionsleistungen vollbringen,

- zunächst die Erkenntnis erwerben, daß geschriebene Worte für gesprochene Worte stehen, also Symbole zweiten Grades darstellen
- und darüber hinaus erkennen, daß geschriebene Worte nicht im Sinne bildhafter Zeichen global zu deuten sind, sondern (im Verlaufe eines analytisch-synthetischen Durchdringungsprozesses) als gereihte Repräsentanten der flüchtigen lautlichen Abfolge gesprochener Wörter zu begreifen sind.

Die Struktur unserer Buchstabenschrift mit ihren charakteristischen Phonem-Graphem-Beziehungen stellt für die Kinder eine Art Symbolisierung dritten Grades dar, durch die sie in bislang ungewohnter Weise herausgefordert sind, sich beim ersten Schreiben und Lesen zunächst von der für sie wichtigeren inhaltlichen Seite zu distanzieren, um vorübergehend die Struktur der Buchstabenschrift sowie ihr Funktionieren zum Gegenstand ihres Interesses zu machen.[1]

Mit dem Schriftsprachgebrauch – besonders bei ihren ersten Schreib- und Leseversuchen – entwickeln die Kinder bedingt durch die Struktur unserer Buchstabenschrift neue geistige (Abstraktion ermöglichende) Fähigkeiten, die Welt intellektuell zu begreifen.

Psycholinguistisch gesehen eröffnet das Schreiben dem Schulanfänger in doppelter Hinsicht den Weg zum abstrakten Denken:

- zum einen in den Abstraktionsprozessen, die durch die Struktur unserer Schrift eingefordert werden,
- zum anderen als intellektuelles Problemlösungsverhalten, das durch willensmäßig gesteuerte, bewußt geleitete Vorgänge des Auswählens, Prüfens, Entscheidens . . . gekennzeichnet ist (wobei auf die motivationale Seite dieses Prozesses im folgenden eingegangen wird).

Mit der Schrift erwerben die Kinder – wie Utz Maas es knapp und treffend zusammenfaßt – ein „intellektuelles Produktionsmittel“.[2]

Wenn dem Erwerb der Schriftsprache und dabei in besonderer Weise dem Schreiben eine so hohe Bedeutung für die Entwicklung intellektueller Fähigkeiten zukommt[3], bestimmt die Qualität des Anfangsunterrichts im Schreiben (während der beiden ersten Schuljahre) in einem großen Ausmaß, inwieweit intellektuelle Fähigkeiten gefordert und gefördert werden.

1 Es ist das besondere Verdienst von Bernhard Bosch, als erster im deutschsprachigen Raum auf diese besonderen Abstraktionsleistungen bereits **1937** aufmerksam gemacht zu haben.

2 Utz Maas, S. 21.

3 Vgl. dazu besonders Wygotski, Piaget, Wild.

Ein Anfangsunterricht, der Schreiben in seiner Vollform, d. h. als kommunikativen Prozeß, ausspart und stattdessen grapho-motorisches Training und Abschreiben in den Vordergrund stellt, behindert und verhindert durch das Vorenthalten der damit verbundenen Lern- und Erfahrungsmöglichkeiten den altersangemessenen Fortschritt der kindlichen Denkentwicklung.
Was die *motivationale Bedingtheit* des Schreibprozesses bei Kindern angeht, ist festzustellen, daß diese lange Zeit kein Thema für wissenschaftliche Auseinandersetzungen war oder als nicht existente Größe vernachlässigt wurde. Auch Wygotski kam aufgrund seiner Untersuchungen zunächst zu der Annahme, daß beim Schulanfänger eine Motivation als Auslöser für Schreiben nicht vorhanden sei, da Kinder – anders als bei der mündlichen Kommunikation – nicht existentiell auf Schriftverwendung angewiesen seien.[4]
Diese Annahme beruhte jedoch auf einem Fehlschluß:
Zahlreiche Erfahrungsberichte aus der Praxis[5] sowie neuere Untersuchungen zur motivationalen Entwicklung im Kindesalter[6] belegen eindrucksvoll, daß eine grundlegende Lern- und explizit auch eine Schreibmotivation bereits beim Schulanfänger (bedingt durch den soziokulturellen Hintergrund) deutlich ausgeprägt ist. Diese Lese-Schreibmotivation ist nicht isoliert zu sehen, als ein plötzlicher Impuls auf eine besondere, neue Situation im Sinne eines Reiz-Reaktions-Verhaltens, sondern – wie auch Wygotski in späteren Untersuchungen feststellt – als Ausdruck bzw. Aktualisierung einer „verallgemeinerten affektiven Tendenz“[7]. Diese grundsätzliche Lese- und Schreibmotivation des Schulanfängers erfährt eine weitere Verstärkung durch das kindliche Bedürfnis, bislang Erwachsenen vorbehaltene Tätigkeiten für sich selbst zu erwerben und damit „wie Erwachsene“ zu werden.
Daneben „genießen“ gerade Schulanfänger realitätsbezogene Formen der Schriftverwendung in dem Sinne, daß sie damit sich selbst, für sich und andere, „sichtbar“ machen, daß sie den flüchtigen Moment überdauernde, Identität bezeugende Zeichen von sich setzen. („Das habe ich geschrieben. Das bin ich. Das ist unverwechselbar mein Name in meiner Schrift – das

4 Wygotski, L. S., 1934/1964, S. 225.
Diese und ähnliche Feststellungen dienten als zusätzliche Rechtfertigung dafür, das Schreiben in seiner Vollform aus den Lernangeboten für Schulanfänger auszusparen:
Was sollte man sich mit dem Schreiben im Sinne kommunikativer Prozesse abgeben, wenn doch dafür beim sechsjährigen Kinde noch gar keine Motivation vorhanden sein könne. Allenfalls ein propädeutisches Vorgehen im Rahmen eines grapho-motorischen Trainings könne die Grundlage für spätere Schreiberfolge, für eine gute Schrift abgeben.
5 Spitta, G., 1973, Heyer, D., 1972, Günter, K. B., 1984.
6 Leontjew, 1974, Skowronek, 1969, Heckhausen, 1970, Liedel, 1978.
7 Wygotski, L. S., 1973, S. 16–37.

kann jeder sehen.") Ein vom Kind an der Tafel, an der Pinnwand, im Klassenbuch geschriebener und damit „veröffentlichter" Satz wird erlebt als sichtbar und haltbar gewordener Ausdruck der eigenen besonderen Persönlichkeit.[8]
Und schließlich sind gerade Schulanfänger besonders empfänglich für die Erfahrung gelungener schriftlicher Kommunikation und von daher besonders motiviert, diese zu pflegen, wie die vielen gelungenen „Brief-Schreib-Aktionen" in ersten und zweiten Klassen belegen.[9]
Als Fazit kann festgehalten werden, daß viele Lernanfänger mit ihrer – durch schulische Negativerfahrungen noch nicht beeinträchtigten – allgemeinen Lern- und speziellen Schreib-/Lesemotivation besonders günstige Voraussetzungen für den unverzüglichen Beginn des „richtigen Schreibens" bei Schuleintritt mitbringen. Werden diese günstigen Voraussetzungen ignoriert und statt des funktionalen schriftlichen Gebrauchs von Sprache der formale Umgang mit Schreibzeichen im Sinne des grapho-motorischen Trainings praktiziert, verkümmert die Schreibmotivation nur allzu schnell. Aus der Schreiblust entsteht der bekannte „Schreibfrust".

2. Neben dem, was uns die psycholinguistische Analyse des Schreibprozesses an Informationen über Bedingungen des Schreibens liefert, ist die Beobachtung von Kleinkindern bzw. von Kindern im Vorschulalter bei ihren auf Schreiben/Lesen gerichteten Aktivitäten eine wichtige Informationsquelle für die Organisation von Lernprozessen. Statt zu prüfen, was Kinder bei Schuleintritt alles noch nicht können, legt dieser Ansatz den Schwerpunkt darauf, zu ermitteln, was Kinder vom Schreiben und Lesen vor der Schule schon für sich begriffen haben und wie sie zu diesen Einsichten bzw. Fähigkeiten gekommen sind.
Es geht hier also um die *Analyse der originären, kindlichen Zugriffsweisen* zum Schreiben. Über die dabei ablaufenden Prozesse liegen inzwischen eine Menge Untersuchungen und Fallstudien vor, so daß wir uns hier mit einer zusammenfassenden Darstellung begnügen können.[10]
   - Grundsätzlich muß von einer *aktiven Aneignung* auch der Schriftsprache durch die Kinder ausgegangen werden. Kindlicher Schriftspracherwerb geschieht dabei mittels selbstgesteuerter Verwendung von Schriftzeichen (in jeder Form) durch die Kinder, wobei sie in ihren Schreibprodukten ihre Hypothesen über das Funktionieren unserer Schrift zum Ausdruck bringen, diese testen und gegebenenfalls im Laufe eines längeren Prozesses revidieren.

8 Spinner, K. H., 1980, S. 67 ff.
Spitta, G., 1985, S. 19 ff.
9 Spitta, G., 1985, S. 37, Freinet, 1980, Sennlaub, 1976.
10 Eine sehr detaillierte Übersicht über die hierzu vorliegenden Erkenntnisse, dargestellt in einem Stufenmodell, findet sich bei: Günter, K. B., 1986, S. 22–32.
Die Darstellung der Schreibentwicklung unter besonderer Berücksichtigung der Rechtschreibung findet sich in: Spitta, G., 1985, S. 71.

- Kinder durchlaufen während dieses vorschulischen Schrifterwerbsprozesses typische Phasen:
  Auf eine sehr frühe, vorkommunikative Phase, in der (häufig im Alter von zwei bis drei Jahren) die Funktionslust am Spuren-/Striche-/Mustererzeugen im Vordergrund steht, folgen Entwicklungsstadien, in denen Schriftzeichen für Kinder bereits fest mit einem kommunikativen Bezug verknüpft sind. Kinder haben (meist von vier bis fünf Jahren an) begriffen, daß Erwachsene Schrift dazu benutzen, etwas mitzuteilen und experimentieren in diesem Sinne mit Schriftzeichen (Kritzelbriefe, erste Verbotsschilder ...).
  Die Einsicht in den prinzipiell kommunikativen Charakter der Schrift bildet die Grundlage für eine weitere Differenzierung der kindlichen Einsichten in das Funktionieren unserer Schrift.
  Diese Differenzierungsleistungen beziehen sich jetzt auf den Phonem-Graphem-Bezug unserer Schrift. Kinder begreifen in dieser Phase (häufig im Alter von fünf, sechs, sieben Jahren), daß unsere Schrift wahrnehmbare Lautelemente durch Zeichen abbildet, und versuchen, dieses in ihren frühen Verschriftungen auszudrücken. Allmählich findet dabei eine Entwicklung von (zunächst noch diffusen) mehr konsonantischen Schreibweisen zu Verschriftungen statt, die unserer Orthographie sehr nahe kommen.[11]
- Besonders bedeutsam ist in diesem Zusammenhang die Erkenntnis, daß Kinder ihre wesentlichen Einsichten über die Buchstaben-Laut-Beziehungen unserer Schrift vornehmlich durch *Schreiben* (d. h. eigenständige Verschriftungen im Sinne aktiver Schriftverwendung) erwerben und nicht primär durch Lesen.[12] Die von Kindern im Kleinkind- bzw. Vorschulalter spontan benutzte Schriftart ist dabei grundsätzlich die *Druckschrift*[13], zunächst als Versalienschrift, danach als gemischte Schrift (Groß- und Kleinbuchstaben).

Als Ergebnis der Auseinandersetzung mit dem frühkindlichen und vorschulischen Schrift- und Schriftspracherwerb sind für unsere Perspektive zwei Aspekte von besonderer Bedeutung:

a) Eigenständiger kindlicher Schriftspracherwerb vollzieht sich auf der von Kindern sehr früh erworbenen Einsicht in die kommunikativen Funktionen von Schreiben.
   Auf dieser Grundlage erfolgen sämtliche weiteren Differenzierungsleistungen hinsichtlich spezieller Sprachverwendung und Orthographie. Dieser Ablauf deckt sich interessanterweise mit der von Hayes/Flower und Bereiter experimentell an Erwachsenen ermittelten Prozeßdynamik beim Schreiben.[14]

11 Vgl. hierzu besonders Spitta, 1985, Eichler, 1976.
12 Vgl. Spitta, 1985, S. 76, Günter, 1986, S. 18–22.
13 Vgl. die Untersuchungen von M. Liedel, 1978, S. 167–180.
14 Vgl. dazu die Auseinandersetzung mit den Schreibprozeßmodellen von Hayes/Flower und Bereiter in: Gunter Eigler, 1985, S. 301–318

b) Schreibprozeßforschung an Erwachsenen und Schriftspracherwerbsforschung an Kindern gelangen von ihren unterschiedlichen Perspektiven her zu ein und derselben Erkenntnis, nämlich, daß erst einmal die Fähigkeit ausgebildet wird bzw. ausgebildet sein muß, überhaupt etwas zu schreiben, bevor weitere Fähigkeiten durch intellektuelle Umstrukturierungsvorgänge integriert werden können.

3. Diese Erkenntnis ist folgenreich für den *Prozeß der didaktischen Elementarisierung.*
Es gibt eine lange und aus didaktischer Fürsorge entstandene Tradition in der Pädagogik, solche Lernzusammenhänge zu ihrem Erwerb für Kinder zu vereinfachen, die von besonders komplexer, vielschichtiger Natur sind, bzw., die eine gleichzeitige Verfügbarkeit über verschiedene automatisierte Teilleistungen voraussetzen.
Dafür gibt es verschiedene Vorgehensweisen. Die für den Schriftspracherwerb typische Methode ist die der Reduktion der komplexen Schreib- und Leseprozesse auf einzelne Teil(lern)prozesse und ihre isolierte Vermittlung.
Mit der Zeit und als Folge ihrer vollständigen Vermittlung, so hofft man, würden sich die einzelnen Teilfähigkeiten schon von selbst zu einem, dem komplexen Vorgang des Schreibens und Lesens gerecht werdenden, Leistungsgefüge integrieren.

Daß diese Annahme ein Trugschluß ist, wissen die meisten Lehrer/-innen aus ihrer Praxis:

- denn, wer hübsche Buchstaben und wohlgeformte Wörter (ab)-schreiben sowie zu vorgegebenen Bilderfolgen einzelne Sätze produzieren kann, verfügt noch lange nicht über die Fähigkeit, selbständig einen sinnvollen Text zustande zu bringen;
- und wer in geübten Diktaten gute Rechtschreibleistungen erzielt sowie korrekt alle isolierten Rechtschreibübungen absolviert, verfügt noch lange nicht über die Fähigkeit, selbständig einen sinnvollen Text unter Beachtung der Orthographie zustande zu bringen.

Daß die Annahme der selbstverständlichen Integration von isolierten Teilleistungen zu einem verbundenen Ganzen jeder didaktischen Grundlage entbehrt, hat u. a. Egon Weigl in seinen Analysen des Schriftspracherwerbs eindrücklich nachgewiesen.[15]
Überträgt man einmal dieses Prinzip der Vermittlung isolierter Teilleistungen bei Annahme der selbständigen Integration der Einzelleistungen zu einer neuen kognitiven Struktur auf komplexe, vielschichtige Lernzusammenhänge im Alltagsleben, hieße das zum Beispiel für das Autofahrenlernen[16] folgendes:

15 Egon Weigl, 1976, besonders S. 94, 95 sowie 1978.
16 In ähnlicher Weise auf das Erlernen des Radfahrens übertragbar.

Man würde das Erlernen des Autofahrens in lauter isolierte Teillernprozesse zerlegen und erwarten, daß nach dem intensiven Einzelleistungstraining der Kandidat am Ende von allein fahrtüchtig sei.
Kein Mensch käme auf die Idee, Fahrschülern auf diese absurde Weise das Autofahren beizubringen.
Erstklässlern aber mutet man zu, nach diesem System der didaktischen Vereinfachung Schreiben und Lesen zu lernen.
Was beim Fahrschüler sofort einleuchtet, daß das isolierte Training einzelner Teilleistungen nicht zu neuen sinnvollen kognitiven Strukturen führt, mit deren Hilfe das Fahrverhalten gesteuert werden kann, gilt ebenso für das schreibenlernende Kind.
So, wie Fahrschüler von Anfang an „richtig fahren" müssen, allerdings
- unter der fürsorglichen Aufsicht des Fahrlehrers, der nur dann eingreift, wenn es brenzlig wird
- und zunächst unter erleichterten Randbedingungen, z. B. auf einem großen leeren Parkplatz, dann auf unbelebten Seitenstraßen etc. . . .

können, wollen und müssen auch unsere Kinder von Anfang an „richtig schreiben", allerdings auch
- unter behutsamer Fürsorge und individueller Anleitung eines Lehrers/einer Lehrerin
- und im Anfangsstadium zunächst ebenfalls unter Vernachlässigung von erschwerenden Zusatzbedingungen wie z. B. perfekter Orthographie, lateinischer Ausgangsschrift . . .

Genau diesen Weg der *Elementarisierung* – Erhalt des realistischen kommunikativen Bezuges bei zunächst reduzierten Anforderungen an grafische und orthographische Perfektion[17] – weisen uns die Kinder, die Psycholinguistik sowie die Beobachtung des Erwerbs komplexer Fähigkeiten im Alltagsleben.

17 Über den produktiven Umgang mit diesen ersten, von der Erwachsenenlogik her fehlerhaften Verschriftungen informiert: Spitta 1985, Brügelmann 1986, Dehn 1985.

Funktionale Schreibanlässe vs. Schreibtraining beim Schreibenlernen

Endlich ist es soweit. Der erste Schultag ist da! Aufgeregt sind sie alle – die frischgebackenen Schulkinder.

Manchen geht es gar nicht schnell genug, bis sie zum ersten Mal in ihrem Klassenzimmer auf ihren Stühlen sitzen – bis es endlich soweit ist. Andere sind eher ängstlich, suchen die Hand der Mutter oder des Vaters und sind froh, daß die Eltern am ersten Tag nicht sofort weggehen müssen.

Eine Erwartung haben allerdings fast alle Kinder gemeinsam: Gespannt wie ein Flitzebogen warten sie darauf, daß es sofort „richtig losgeht" mit dem „Arbeiten", also mit dem Lesen-, Schreiben- und Rechnenlernen; denn jetzt sind sie ja in der Schule!

Und was passiert häufig in den ersten Schultagen tatsächlich? NICHTS! Lesen können die Kinder noch nicht, Schreiben dürfen sie noch nicht, und die ersten Rechenaufgaben lassen auch noch auf sich warten! Enttäuschung breitet sich aus. Nach der ersten Schulwoche erzählt Petra zu Hause: „Da brauch' ich nicht wieder hin. Da spielt man ja nur." Auch Rolf sagt: „Ich geh' doch lieber wieder in den Kindergarten. Da war das viel besser. In der Schule muß man nur still sitzen und doofe Sachen machen."

Und auf die Standardfrage gutmeinender Mütter: „Na, was habt ihr denn heute in der Schule gelernt?" lautet die gelangweilte Antwort vieler ursprünglich motivierter Kinder Tag für Tag wieder: „NICHTS".

Dabei ist es nicht so, daß in der Schule nichts passiert. Da geben sich Lehrerinnen und Lehrer ganz bestimmt sehr viel Mühe, ihre Schulanfänger liebevoll, behutsam und spielerisch in die Schulwelt einzuführen, machen erste Vorübungen für das Lesen und Schreiben, wie z. B. die bekannten vorbereitenden visuellen oder auditiven Unterscheidungsübungen sowie Schwung- und Spurübungen zur Lockerung und Kräftigung der Feinmuskulatur. Von Tag zu Tag werden viele Kinder trotzdem ungeduldiger, unzufriedener, langweilen sich. Sie rebellieren durch Kaspereien oder passen sich unwillig, vielleicht auch der Lehrerin zu Liebe, an.

Schule ist eben doch anders als sie dachten, resümieren die Kinder. Man lernt gar nichts Richtiges. Wenn man liest, dann immer nur dasselbe Wort, denselben Satz . . .

Wenn man schreibt, dann nur eine „Schwungseite“ oder ein einziges Wort ... Das richtige, wichtige Lernen findet wohl woanders statt: zu Hause, auf der Straße, bei Freunden, vor dem Fernseher ... Jedenfalls ganz bestimmt nicht in der Schule. Schade – viel zu häufig stellt der Schulanfang auf diese und ähnliche Weise eine große, vertane Chance dar.

Natürlich muß das nicht so sein. Glücklicherweise gibt es auch eine Menge Lehrerinnen und Lehrer, die ihre Schützlinge vom ersten Schultag an als Persönlichkeiten annehmen und damit auch den Wunsch der Kinder nach „richtiger Arbeit“ ernstnehmen.

Die in den folgenden Kapiteln beschriebenen Unterrichtsausschnitte und -hinweise stammen aus den unterschiedlichsten Berliner Schulklassen, in denen von Schulbeginn an mit der Druckschrift im Sinne des „richtigen Schreibens“ gearbeitet wurde.

Grundsätzlich lassen sich die Schreiblernaktivitäten dabei in zwei Kategorien einordnen:

- einmal als situativ-funktionale Schreibanlässe, die eher lehrgangsunabhängig entstehen,
- zum anderen als direkt vermittelte Schreibaufgaben, die lehrgangsorientiert ablaufen oder sich als Folge aus aktuellen Schreibanlässen ergeben.

Lehrgangsunabhängig sind für mich solche Schreibaktivitäten, die situativ entstehen, also nicht auf ein ganz bestimmtes, begrenztes Schreibziel hin direkt an die Kinder herangetragen werden. Sie

- entstehen häufig als funktionale Schreibsituationen im Zusammenhang damit, daß der ganz gewöhnliche Schulalltag gemeinsam mit den Kindern geregelt wird (Tagesplan, Wochenplan, Stundenplan) und solche Regeln von den Kindern festgehalten werden,
- umfassen von den Kindern ausgelöste oder gewünschte Schreibaktivitäten (Darf ich auch mal Schreibmaschine schreiben? Schreibst Du mir auch, wenn ich Dir schreibe?),
- entstehen im Zusammenhang mit der Bewältigung von Unterrichtsvorhaben, die durch Kinder oder Lehrer/in angeregt wurden (Wenn wir Plätzchen backen wollen, brauchen wir eine Liste mit den Zutaten ...),
- tragen dem Bedürfnis der Kinder Rechnung, sich schreibend der Klasse, der Lehrerin als Individuum zu präsentieren (Ich habe ein Bild gemalt und dazu geschrieben. Ich habe ein ganzes Buch für die Klasse geschrieben.),
- entstehen „unbemerkt“, fast nebenbei häufig mit Rätselcharakter im Spiel.

Die besondere Qualität dieses kindlichen Umgangs mit Schrift und Schriftsprache wird in der Fachterminologie mit dem Begriff „language acquisition“[1] (hier Schrift-, Schriftspracherwerb) gekennzeichnet und meint das selbständige, lehrer- und lehrbuchunabhängige, situationsbezogene Entdecken, Aus-

1 Vgl. Brügelmann, H. 1983; Krashen/Terrel 1983; Sheridan, S. 1986.

probieren und Anwenden von (schriftlichem) Sprachverhalten durch Kinder – im Gegensatz zum „language learning", also dem Schrift-Sprach-Lernen mittels direkter Unterweisung, wie es vorwiegend im Rahmen einer lehrgangsgebundenen Arbeit intendiert wird.

Besonders hervorheben möchte ich in diesem Zusammenhang, daß es sich bei dieser modellhaften Zweiteilung des Prozeßgeschehens nicht um ein unvereinbares Gegeneinander handelt, im Sinne sich ausschließender Strategien.

„Schrift entdecken" und „Unterweisung im Schreiben" müssen stattdessen produktiv aufeinander bezogen werden, wobei sich die „Unterweisung" allerdings am Schrift-(Sprach)-Entwicklungsstand des *Kindes* orientieren muß und nicht an der standardisiert geplanten Stufenfolge eines Schreiblehrganges.

Je nach Art des aktuellen Lernprozeßgeschehens, ob mehr „entdeckend" oder mehr „gezielt trainierend", ist ein unterschiedliches Lehrerverhalten erforderlich.

Während der Phase des selbständigen, erfinderisch-experimentierenden Gebrauchs von Schriftsprache ist es für den ungestörten Ablauf des kindlichen Denkprozesses wichtig, sich mit ungefragten Hinweisen auf orthographische Fehler, nicht korrekte Buchstabenformen oder anderen Kommentaren zurückzuhalten.

In solchen Augenblicken ist das Kind intensiv damit beschäftigt, für sich Schrift-Sprache in Funktion zu erproben und kann derartige Hinweise meist nicht gleichzeitig adäquat verarbeiten. Die Ergebnisse solcher Schreibversuche, in denen das Kind unbehelligt und unbelastet sein eigenes Schrift-Sprach-Verständnis aufbauen kann, bedürfen, um Schreibfreude und Schreibwillen zu erhalten, einer warmherzigen Würdigung durch die Lehrerin, auch wenn dies durch das für Erwachsene fehlerhafte Äußere schwerfallen mag.

Die anschließende sachstrukturelle Analyse durch die Lehrerin ergibt Hinweise auf die in den nächsten Phasen angebrachten Schwerpunkte für Anregungen und Übungen im Sinne des direkten und stärker kontrollierten Lernens, das dem Kind helfen soll, die notwendigen „Sicherheiten" im Umgang mit der Schrift-Sprache aufzubauen.

In diesem Sinne stehen „Experimentieren" und „Sicherheiten aufbauen" in einer produktiven dialektischen Wechselbeziehung.

Die Darstellung der einzelnen Unterrichtsausschnitte spiegelt nicht die hier zu heuristischen Zwecken vorgenommene Zweiteilung der Schrift-Sprach-Lernprozesse wider, sondern dokumentiert das produktive Ineinandergreifen beider Aspekte im aktuellen Lerngeschehen.

Ein Klassenraum, der vom ersten Schultag an zum Schreiben einlädt

Nach der am ersten Schultag allgemein üblichen Einschulungsfeier kommt für die Kinder der eigentlich spannende Augenblick:

Zum ersten Mal sehen sie ihre Lehrerin (ihren Lehrer), die anderen Kinder und ihren Klassenraum.

Und bereits in diesen Minuten werden viele Erwartungen über das, was in der Schule, in dieser Klasse, mit dieser Lehrerin wichtig sein wird, geweckt, bestätigt oder enttäuscht.

Ein schmuckloser, kahler Klassenraum ohne Bilder, Bücher, Blumen, ohne Experimentier- oder Lernspielecke, ohne Schreibmaterialien ... läßt kaum (positive) Vorstellungen davon entstehen, was beim gemeinsamen Leben und Lernen in dieser Klasse alles wichtig sein wird.

So, wie für viele Menschen der erste Eindruck von einem anderen zunächst spontane Erwartungen von Sympathie oder Antipathie aufkommen läßt, die bei näherem Kennenlernen bestätigt oder korrigiert werden, genauso erweckt der erste Eindruck vom neuen Klassen- und Lebensraum Hoffnungen und Wünsche für die Schulzukunft.

Wie könnte ein auch dem Schreiben förderlicher Klassenraum zu Schulbeginn aussehen?

Ein zum Schreiben einladender Raum muß sicherlich ein oder zwei Tage vor dem ersten Schultag besonders dafür hergerichtet und ausgestattet werden. In den meisten Schulen wird es kein Problem sein, dieses Vorhaben zu organisieren, da die Einschulung in vielen Bundesländern erst einen oder mehrere Tage nach dem allgemeinen Schulbeginn stattfindet. Ansonsten hilft ein Gespräch mit dem Hausmeister, der am letzten Ferientag (schon für den am Stundenplan arbeitenden Schulleiter) ausnahmsweise für diesen Zweck die Schule öffnet.

Neben ersten Blumen auf den Fensterbänken, *vorläufig* eingerichteten Funktionsecken, ersten Bildern und Postern an der Wand, die eine wohnliche Atmosphäre entstehen lassen, helfen folgende im Laufe der ersten Tage und Wochen eingeführte Gegenstände, Einrichtungen und Gebräuche, die Schreiblust der Kinder zu wecken und zu erhalten.

Ausstattung mit Stiften und Papieren

Im Klassenraum gibt es eine bestimmte Stelle, an der *Papiervorräte* zum Malen, Falten und Schreiben für jedes Kind gut erreichbar deponiert sind. In kleinen Pausen, während freier Arbeitszeiten, nach Fertigstellung anderer Aufgaben, können sich die Kinder selbständig einzelne Bogen nehmen und nach Wunsch malen, schreiben, falten, schneiden ...

Es gibt verschiedene Papierformate, liniertes (diverse Lineaturen zum Ausprobieren) und kariertes Papier sowie Blankobogen. Die Kinder wählen – je nach Absicht – Format und Lineatur selbst aus. Fertige Bogen, die von der Lehrerin und (oder) den anderen Kindern begutachtet werden sollen, können in einem besonders gekennzeichneten Korb abgelegt werden. Von Zeit zu Zeit wird über den Umgang mit diesem Papiervorrat ein Gespräch geführt, in dem Regeln (z. B. bei Verschwendung, ...) zum bewußten Gebrauch dieser Bogen gemeinsam erarbeitet und vereinbart werden. Solche Gespräche dienen ebenfalls dem gemeinsamen Erfahrungsaustausch über die Bevorzugung bestimmter Formate und Lineaturen durch einzelne Kinder für die jeweiligen Absichten. Die Entscheidung für bestimmte Formate bzw. Lineaturen wird dann durch die Kinder im Laufe des Schuljahres zunehmend bewußter und in eigener Erfahrung begründet erfolgen.

Da die Kinder erfahrungsgemäß sehr gerne auf dieses Papierangebot zurückgreifen, ist es ratsam, sich zu Beginn des Schuljahres (bzw. bereits gegen Ende des vorigen Schuljahres) Gedanken über die Papierbeschaffung zu machen. Ein Teil des Bedarfs kann aus dem Etatposten der Schule mit dem Titel „Verbrauchsmaterial“, ein weiterer (meist nicht unerheblicher Teil) kann aus Materialspenden von Eltern abgedeckt werden (Computerpapiere, Fehldrucke aus Druckereien, Fehlkopien aus Copy-Centern ...). In manchen Klassen wurde für spezielle Papiersorten auch auf den sogenannten „Elterngroschen“ zurückgegriffen.

Ebenso wichtig wie ein ausreichendes Papierangebot ist ein vielfältiges *Stiftsortiment,* das allen Kindern zur Verfügung steht. Natürlich kommen die meisten Schulanfänger mit prall gefüllten Federtaschen zur Schule und brennen darauf, ihre „Schätze“ zu benutzen. Häufig sind aber Filz- und Buntstifte in den fertig abgepackten Federmäppchen nicht von der besonderen Qualität, wie sie für die ersten Schreibversuche in der Schule ratsam ist. Auch gibt es in jeder Klasse Kinder, die aus finanziellen Gründen nur auf ein sehr begrenztes Stiftsortiment zurückgreifen können und dadurch bestimmte sinnliche Schreiberfahrungen nicht machen könnten, wie zum Beispiel den unterschiedlichen Reibungswiderstand verschiedener Filzstiftsorten, verschiedener Blei- und Buntstifthärten auf verschiedenen Papiersorten wahrnehmen können. Ein vielfältiges Stiftsortiment pro Gruppentisch, aufbewahrt in einem extra Behälter (leere Konservendose, leerer Kinderschuhkarton), ermöglicht nicht nur dem Lehrer anhand der Arbeiten eine „grafische Bestandsaufnahme der Schreibvoraussetzungen seiner Schulanfänger"[1], sondern bietet ebenso jedem Kind in der Klasse die Chance, seine „eigene grafische Bestandsaufnahme" zu machen, indem es erproben kann, mit welchem Stift es auf welchem Material bei einer spezifischen Absicht am besten zurechtkommt. Gerade Kindern aus nicht so „schreibfreudigen" Elternhäusern fehlen solche Grunderfahrungen, die eine Voraussetzung darstellen für einen bewußten, zielgerichteten Umgang mit Schreibgeräten und -materialien.

Bei den bereits erwähnten Klassengesprächen über Papiersorten, Formate, Papier- und Lineaturvorlieben findet natürlich auch der Aspekt „Erfahrung mit verschiedenen Stiften" Beachtung, ebenso wie das bewußte Wegräumen und Instandhalten dieser Materialien (Anspitzen, Kappe nach Gebrauch wieder aufsetzen ...).

Normalerweise „wacht" die Tischgruppe – nach ersten schmerzlichen Erfahrungen mit ausgetrockneten Filzstiften, stumpfen Buntstiften – sehr sorgfältig über die Einhaltung der vereinbarten Regeln.

Auch Scheren und Klebstoff können in diesen Behältnissen aufbewahrt werden. Für eine solche Grundausstattung mit Stiften gibt es – bei rechtzeitiger Anmeldung des Bedarfs – meistens einen Etatposten im Schulhaushalt. Darüber hinaus gibt es auch für diesen Bereich Spenden aus der Elternschaft.

Besondere Schreibgeräte in der Schreibecke

Schreibmaschinen (alte, ersteigerte, von Behörden ausgemusterte, von Eltern aussortierte ...) bieten einen besonders hohen Schreibanreiz und eine besonders wertvolle Erfahrungsquelle für eigenständige „Schriftentdeckungen". Selten findet eine so intensive Auseinandersetzung mit Buchstabenformen statt, wie bei dem – auf eine Phase des wilden Drauflostippens regelmäßig folgenden – Versuch, den eigenen

1 Bärmann, 1977

Namen, den ersten Fibeltext oder den ersten eigenen Satz abzutippen.

Was es da alles zu entdecken und erproben gibt.

- Auf der Tastatur stehen lauter Großbuchstaben, und „wenn man da drauf drückt, kommen immer kleine Buchstaben“, wie kriegt man denn endlich die „Großen“?
- Wenn die Lehrerin (oder ein anderer Erwachsener) tippt, sieht das immer ganz anders aus. „Wie kriegt man denn die Lücken zwischen den Wörtern hin?“
- Manche Buchstaben sehen auf der Schreibmaschine ganz anders aus, „mit mehr Kringeln“ als in der Fibel, sie bleiben aber trotzdem das „g – g“ bzw. „a – a“.

Die Auseinandersetzung mit bestimmten Konventionen unserer Schrift (links-rechts-Orientierung, Kennzeichnung von Wortgrenzen durch Lücken, unterschiedliche Formen der Druckbuchstaben, Groß- und Kleinbuchstaben ...) findet vom Interesse und dem jeweiligen Schreibanlaß des Kindes her gesteuert immer wieder statt und bietet eine ideale Voraussetzung zum Vertrautwerden mit der grafischen Form der einzelnen Druckbuchstaben, noch bevor sie systematisch oder gar vollständig eingeführt sind.

Exkurs: Schreiberfahrungen beim Benutzen von Schreibmaschinen

Beobachtungen aus den ersten vier Schulwochen

1./2. SCHULWOCHE

Die beiden Schreibmaschinen sind für die Kinder zunächst die Attraktion – etwas, was sonst Erwachsenen vorbehalten bleibt. In der ersten Phase wird – wie wild – geschrieben und probiert, wie die Schreibmaschine funktioniert. Es stehen immer mehrere Kinder an den Maschinen und kommentieren die Aktivitäten der anderen bzw. machen Vorschläge.

Zuerst sind die kleinen Buchstaben dran. Es wird ohne Unterbrechung, hintereinanderweg, getippt. Das Einspannen und Herausnehmen der Bogen wird als wichtige Tätigkeit erlebt.

```
                     hkghfdtzui ghztu i7889ßß2345 234

okl,mjnhgbgttuigh7prü as dxcgt23456789ßqwertzuiop üassdfghjklöäyxcvbm

 2asderwvbn   rtzii  eerrtghnmjkui8yxc uztrd cvbnj bnmjzqw syxcvyssdf
wertzuiopssdfviuhnöämxycd sdasqwejhöö cvbfd auwud hdkg hu z2vcbn
```

Durch zufälliges Drücken der „Großtaste“ wird nun in Großbuchstaben weitergeschrieben, eine wichtige Entdeckung vor allem für schriftungewohnte Kinder.

```
                 UZOJLHGRDDRXCVWQRRTUZT XCFDFREULXXB  HH  HH JKIU

QWEYXCVGHHZUIO PÜGFH GFUERDMV   % (:CXBFD:Z  Z UXYV !TTQWEAS

FJ  MNBVCHFKT PE ) BNM?! WE TJHGFFQSDFGHJKLÖÖAA XCVB NF&HFVVB
```

Die Leertaste wird zum ersten Mal ausprobiert und als „Lückenmacher“ entdeckt. Wozu eine Lücke? Für die Wörter! Es wird probiert, was die Lücke bei den Namen der Kinder bewirkt.

```
      JESSICAj                 jessica

JESSICA  JESSICA  JESSICA   JESSICA
```

Aha – man kann sie jetzt richtig lesen – JESSICA JESSICA –. Es wird ganz deutlich dadurch. Das ist anfangs überhaupt das Schönste – seinen eigenen Namen immer wieder zu tippen und zu lesen, in Groß- und Kleinbuchstaben.

Erste grundlegende Segmentierungserfahrungen werden auf diese Weise an der Schreibmaschine ein Dutzendmal gemacht und in ihrer Wirkung erprobt, bis plötzlich zum Beispiel bei jedem Wort mitbedacht wird, daß zwischen zwei Wörtern eine Lücke gelassen werden muß.

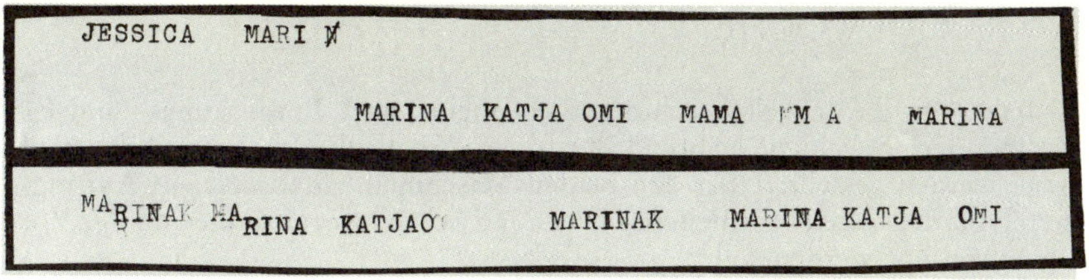
JESSICA MARI M

MARINA KATJA OMI MAMA MM A MARINA

MARINAK MARINA KATJAO MARINAK MARINA KATJA OMI

Jetzt werden weitere Namen aus der Familie ausprobiert – es klappte ja bisher schon so gut. Tippfehler werden kurzerhand mit dunklem Filzstift übermalt – Kinder wissen sich da schon zu helfen.

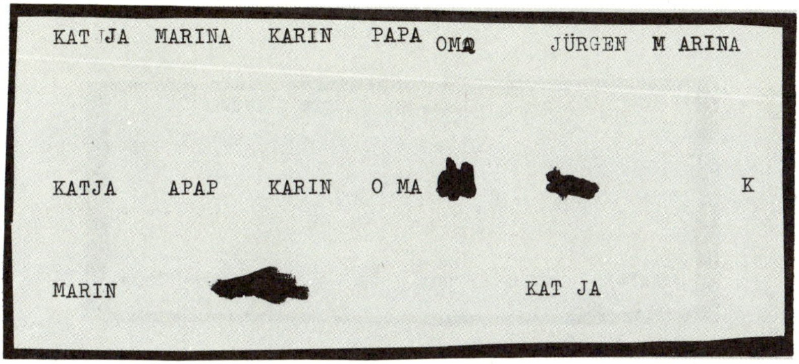
KAT JA MARINA KARIN PAPA OMA JÜRGEN M ARINA

KATJA APAP KARIN O MA [redacted] [redacted] K

MARIN [redacted] KAT JA

Ein anderes Kind will jetzt die beiden ersten, vom Leselehrgang her bekannten Wörter tippen (ja – nein). Es legt die Wortkarten vor die Maschine und probiert. Bei „Ja“ ist das „A“ gar nicht zu finden, also dann lieber „nein“; ach, das sind ja die Großbuchstaben „NEI“, die wollte ich doch gar nicht. Also, nochmal, *„nein“*; es klappt ja. Das tippe ich jetzt noch ganz oft und immer schneller. Oh, jetzt habe ich mich wieder vertippt; eigentlich habe ich jetzt auch genug ...

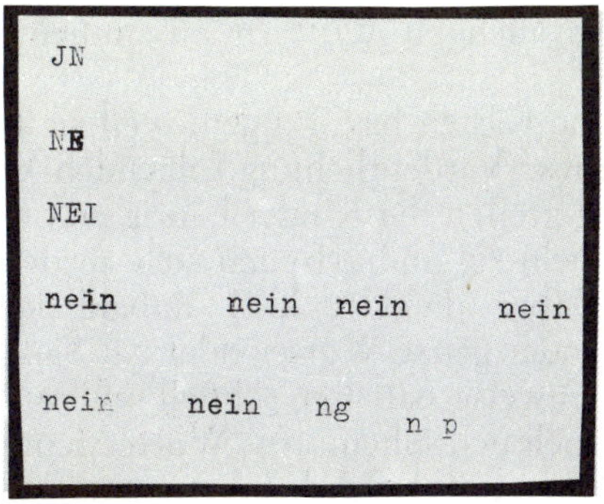
JN

NE

NEI

nein nein nein nein

nein nein ng n p

3./4. SCHULWOCHE

Jetzt sind die Schreibmaschinen nicht mehr „nur“ Entdeckungs- und Experimentiermöglichkeit während der freien Arbeitsphasen. Erste Arbeitsaufträge werden gestellt: Über den beiden Maschinen hängt jetzt ein Auftragszettel mit den bereits erarbeiteten Lese- und Schreibwörtern, die von der Vorlage abgetippt werden sollen.

Innerhalb einer Woche muß dieser Auftrag während der freien Arbeitsphasen ausgeführt worden sein. Nach der Fertigstellung kleben die Kinder als Zeichen für sich und für die Lehrerin einen farbigen Punkt in die Wochentabelle. In dieser Tabelle sind für die verschiedenen Aktivitäten Felder eingerichtet, so daß stets ein Überblick darüber hergestellt ist, was ein Kind von den Aufträgen für die freien Arbeitszeiten bereits erledigt hat.

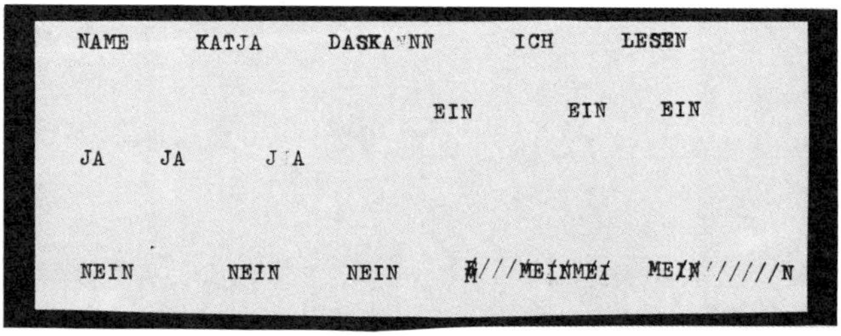

NAME KATJA DASKA NN ICH LESEN

EIN EIN EIN

JA JA J A

NEIN NEIN NEIN N///NEINNEI NEIN//////N

Stempelkästen üben auf Kinder ebenso wie Schreibmaschinen eine große Anziehungskraft aus. Nachdem in früheren Jahren sich einige Stempel bei intensiver Benutzung durch die Kinder (und das heißt: mit großem Druck) sehr schnell in ihre einzelnen Bestandteile auflösten und für Kinderhände schwer handhabbar waren, gibt es jetzt auf dem Markt eine Vielzahl robuster Stempelkästen. Besonders geeignet scheinen mir solche Stempelkästen zu sein, bei denen die Buchstaben sowohl einzeln als auch zu Wörtern zusammengesteckt gestempelt werden können.

Ich würde solche Kästen bevorzugen, weil sie neben der sinnfälligen Analyse-Synthese-Verdeutlichung folgenden Vorteil besitzen:

Bei Schulanfang greifen die Kinder häufig erst einmal zu einzelnen Buchstaben, stempeln sie und erfreuen sich an der gelungenen Form (oder ärgern sich über „Fehldrucke“). Sobald das Anspruchsniveau wächst und die Kinder ganze Wörter oder gar Sätze stempeln wollen, wird das buchstabenweise Arbeiten schnell mühsam und das Stempeln unterbleibt. Stempelbuchstaben, zu Wörterstempeln zusammengesetzt, erleichtern nicht nur den Arbeitsvorgang, sondern verdeutlichen durch manuelle Tätigkeit „begreifbar“ (mit den Händen begriffen) das Wort als Einheit und führen ganz von allein zum Einhalten von Abständen zwischen Wörtern.

Im übrigen stellen sie eine produktive Übergangslösung dar zwischen Stempelaktivitäten und dem Drucken mit *Schuldruckereien* wie der Freinet-Druckerei oder dem Ricto-Druckset.

In angelsächsischen Schulen gibt es über die Möglichkeit von Schreibmaschine und Druckerei hinausgehend an vielen Schulen die Möglichkeit, daß die Kinder mit dem Computer bzw. speziellen Textverarbeitungssystemen spielerisch Schreiberfahrungen machen. Ich selbst habe Vorschulkinder beobachtet, die mit Faszination Buchstaben und erste Wörter auf den Bildschirm brachten, mit Vergnügen wieder löschten, neu erzeugten und damit „spielten“. Im Umgang mit pädagogisch orientierten Textverarbeitungssystemen in Lernanfängerklassen liegen sicherlich noch zusätzliche, produktive Möglichkeiten, „Schrift und Schreiben zu entdecken“, die im bundesrepublikanischen Raum vereinzelt im LRS-Therapiebereich erprobt werden.

In vielen Klassen enthielt die Schreibecke nicht nur Schreibgeräte wie Schreibmaschine, Stempelkasten und Druckgerät, sondern neben kommerziellen Lernspielen (Bilder-ABC, ABC-Puzzle, Buchstabenwürfel, Setzleisten für kleine Buchstaben-, Wort- und Bildkarten) auch traditionell der Lehrerin vorbehaltenes Material wie Demonstrationswortkarten und große Magnetbuchstaben.

Gerade diese *„Lehrermaterialien“* üben auf Kinder einen besonderen Reiz aus und fordern ihre Experimentierlust heraus. Immer wieder kann man in freien Arbeitsphasen Kinder dabei beobachten, wie sie mit Hingabe versuchen, unbekannten Wörter aus dem Stapel der Demo-Karten zu erlesen, mit der Schreibmaschine nachzutippen oder mit den Magnetbuchstaben auswendig an der Tafel zu legen. „Erwachsenen-Medien“ vermitteln Kindern wahrscheinlich das besondere Gefühl, „wirklich wichtige“ Sachen zu machen und nicht mit „Kinder-Kinkerlitzchen“ beschäftigt zu sein.

Auch das „Üben“ und „Wiederholen“ bereits gemeinsam erarbeiteter Grundwortschatzwörter findet mit diesen Materialien freiwillig, selbständig und mit ungeheurer Ausdauer statt – weil es so viel Spaß macht.

Geradezu „gierig“ greifen die Kinder hier zu den Magnetbuchstaben und legen in der kleinen Pause die vorher geübten Wörter nach bzw. heften sie auswendig an die Tafel.

Zu der Kategorie der besonders beliebten „Erwachsenengeräte“ gehören auch *Schriftschablonen* – also besondere Lineale, die das Alphabet in Druckbuchstaben als Schablone enthalten. Es ist zunächst gar nicht so einfach, seinen eigenen Namen in Schablonenschrift herzustellen: man muß die Buchstaben finden, sie in der richtigen Reihenfolge genau nebeneinander setzen, der Bleistift muß spitz genug sein, damit „geschrieben“ werden kann . . .

Bei all diesen Aktivitäten ist die sofortige Einführung eines besonderen Rituals für alle – Lehrerin und Kinder – so gut wie „lebensnotwendig“. Gemeint ist das AUFRÄUMEN nach Gebrauch!

Immer dann, wenn ein Gerät, ein Spiel, ein besonderes Material im Kreisgespräch vorgestellt und Arbeitsmöglichkeiten damit erprobt werden, gehört als Abschlußphase der Vorgang des Aufräumens dazu, der ebenso ernsthaft und eindringlich erarbeitet werden muß wie der Umgang mit dem Material selbst. Nach jeder freien Arbeitsphase, am Ende jeder kleinen Pause . . . ist dasjenige Kind/sind diejenigen Kinder für das ordnungsgemäße Wegräumen zuständig, die mit den Gegenständen gearbeitet haben.

Ausstattung einer Leseecke

Das zu lesen, was man selbst oder ein anderes Kind geschrieben hat, ist die zweite Seite des Schreiblernprozesses. Und diese Seite braucht ebenso ihren Raum und ihre Zeit. In vielen Klassen ist es daher guter Brauch, neben der Schreib- (und Experimentier-)ecke eine Ruhezone – die Leseecke einzurichten. Wichtig ist dabei, daß Bücher und Hefte gut sichtbar in einem Regal angeordnet sind, wobei das Regal gleichzeitig als Raumteiler fungiert. Buchrücken allein genügen in diesem Alter nicht, um die Kinder zum Lesen zu verlocken. Die Titelblätter müssen wegen ihrer bildhaften Vorinformation als Leseanreiz gut sichtbar sein.

In einer solchen Leseecke finden allerlei „Produkte" ihren Platz: Selbstverständlich die ersten Schreibergebnisse der Kinder z. B. als „Buchstabenausstellung" an der Wand.

Das Foto zeigt einen Ausschnitt aus einer solchen Leseecke. Im Hintergrund sieht man eine „a-Ausstellung", auf der rechten Seite ein Regal, das auf der abgewandten Seite Fächer für Arbeitsmaterialien der Kinder hat und auf der eigentlichen „Rückseite" durch einige Leisten zum Bücherregal umgebaut wurde.

Neben Bilderbüchern, Fibeln (als Prüfexemplare, Reste aus vorigen und anderen Klassen), Kinderbüchern und Lexika nimmt die Leseecke nach und nach die von den Kindern der Lehrerin diktierten Bücher auf (Tagebuch, Geschichtensammlungen) sowie die selbst geschriebenen Bücher und Textsammlungen der Kinder. In vielen Klassen wurde durch Teppiche oder Matratzen für eine von den Kindern besonders geschätzte „Lesegemütlichkeit“ gesorgt.

Zugegeben, auf jemanden, der zum ersten Mal eine erste Klasse übernimmt, mag die Vielfalt der hier aufgezählten Materialien allein für die „Schreibausstattung“ überwältigend wirken und unbezahlbar erscheinen. Das täuscht.

Die meisten Lehrer/Lehrerinnen staunen selbst, wieviele dieser Materialien sie bereits nach ein paar Schulwochen zusammenhaben.

Hier sieht man die Fächer für die Kinder sowie im Hintergrund der Leseecke eine Matratze mit Kuscheltier.
In (eigenen) Büchern im Liegen zu lesen, ist für Kinder besonders schön.

Nach einem offenen Gespräch mit den Eltern auf der ersten Elternversammlung darüber, welch positiven Einfluß diese Arbeitsmöglichkeiten auf Lernfreude, Lernwillen, Schreibmotivation und Schreibentwicklung der Kinder ausüben, kommt ein erheblicher Teil dieser Dinge als „Altmaterial" oder „Sondergabe" von den Eltern in die Klasse. Viele Eltern erinnern sich überhaupt erst nach einem solchen Elterngespräch daran, welche „Schätze" (z. B. Regale, alte Schreibmaschinen, große Pappkarten für Wortkarten . . .) sie im Keller, auf dem Dachboden etc. stehen haben.

Darüber hinaus mag eingewandt werden, daß diese Vielzahl von Materialien zu Beginn des ersten Schuljahres auf die Kinder eher verwirrend oder verängstigend wirken könnte. Diese Erfahrung haben wir nicht gemacht, zumal selten alle der hier aufgeführten Einrichtungen gleich am ersten Schultag vollständig vorhanden waren.

Aber auch dort, wo sehr viel Material und Gerät von Beginn an zur Verfügung stand, haben wir keine Scheu, sondern Freude und Begeisterung am Entdecken und Erproben beobachten können. Das hat seine Erklärung wahrscheinlich darin, daß Kinder es heute vom Elternhaus bzw. Kindergarten her ohnehin gewohnt sind, sich in vielfältig und reichhaltig ausgestatteten Räumen zu bewegen.

Unabdingbar allerdings war in allen Klassen, daß mit den Kindern von Anfang an bestimmte Regeln des Gebrauchs, der Pflege und des Wegräumens der Materialien erarbeitet wurden.

Die ersten Schultage – Die ersten Schreiberfahrungen

Drei Unterrichtsberichte

Aller Anfang ist schwer – dies gilt aus Kindersicht häufiger für das Lesen als für das Schreiben.

Das mag daran liegen, daß der Schreibvorgang selbst für Kinder zunächst viel greifbarer zu verfolgen ist als das Lesen, daß sich besonders beim Stillesen des Erwachsenen nur im Kopf abspielt.

Beim Schreiben gibt es für Kinder eine Menge zu beobachten. Da haben die Erwachsenen einen Stift in der Hand, sie bewegen die Hand auf charakteristische Weise und erzeugen Linien und Krakel auf Papier. Erste vorläufige Vorstellungen davon, wie „Schreiben geht", entwickeln die Kinder sehr früh und probieren sie im Spiel aus.

Bei den ersten Schreibversuchen in der Schule wirkt sich diese weniger vorbelastete Einstellung gegenüber dem Schreibvorgang positiv aus. Viele Kinder gehen erstaunlich selbstverständlich und relativ unverkrampft an erste Schreibaufträge heran – und dies am liebsten gleich am ersten Schultag.

Die folgenden Beispiele skizzieren Schreibanfänge aus drei verschiedenen ersten Klassen, in denen durchaus mit einer Fibel gearbeitet wurde, in denen allerdings in Ergänzung dazu bewußt Zeit und Raum eingeplant war für ein Lernen, das sich konkret an den unterschiedlichen Fähigkeiten und Interessen der Kinder orientierte.

Gemeinsames Merkmal aller drei Schreibanfänge ist der Verzicht auf traditionelle Schwungübungen bzw. Vorübungen zu einzelnen Formelementen der Druckbuchstaben. Stattdessen wurde diese Zeit für sofortiges „richtiges Schreiben" mit Druckbuchstaben genutzt.

Beispiel A

In der Klasse A liegt am Einschulungstag (bzw. am zweiten oder dritten Schultag) für jedes Kind ein großes, neues Heft auf der Schulbank, DIN-A-4, unliniert.

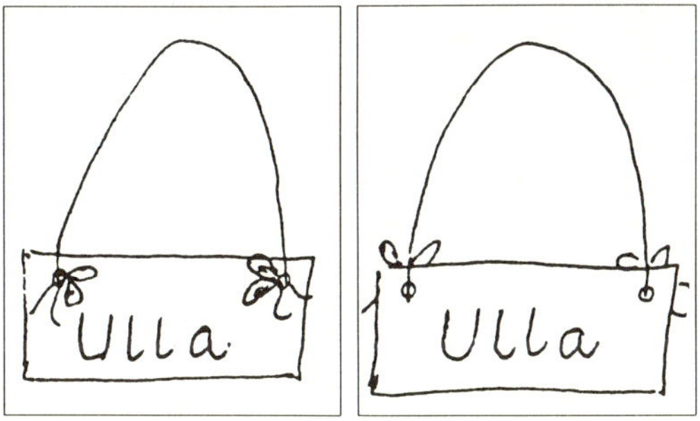

Vorderseite Rückseite

Nach der Begrüßung, dem Verteilen der Namenskärtchen für den Tisch (beidseitig beschrieben, damit nicht nur die Lehrerin, sondern auch das Kind seinen Namen lesen kann , werden die Namensketten (hergestellt aus buntem Plakatkarton, fester Schnur und Wäscheklammern) umgehängt, damit beim Kreisgespräch bzw. Bewegen der Kinder durch den Klassenraum auch die anderen „lesen" können, „wer das ist". Auch die Namenskarten sind von beiden Seiten beschrieben, so daß das betreffende Kind seinen eigenen Namen ebenfalls lesen kann, wenn es die Kette etwas anhebt.

Kaum fertig damit, beginnen bereits die ersten Kinder aufgeregt die neuen Hefte zu befühlen, sie aufzuschlagen und darin zu blättern. Jetzt fängt die Schule für sie „richtig" an.

„Dies ist von nun an euer Heft. Jedes Kind in unserer Klasse bekommt zum Schulanfang ein solches Heft geschenkt", erklärt Frau M., die Lehrerin. „Darin könnt ihr von heute an in der Schule jeden Tag schreiben und malen. Heute könnt ihr auf die erste Seite etwas schreiben – was ihr wollt oder was ihr schon könnt – und dazu malen."

Die meisten Kinder greifen in diesem Augenblick gleich entzückt zu ihren neuen Schulmappen und Federtaschen, die sie endlich benutzen können. Für Kinder, deren Eltern es nicht geschafft haben, rechtzeitig Stifte zu besorgen, müssen bereits an diesem Tag „Schulstifte" bereit gehalten werden, damit auch diese Kinder arbeiten können.[1]

1 In vielen Schulen ist es üblich, daß die Eltern der Schulanfänger sowie die Kinder selbst vor den Sommerferien einen Brief von der zukünftigen Lehrerin erhalten. In dem Schreiben an die Eltern sollte darauf hingewiesen werden, daß ein Füller erst am Ende der 1. Klasse benötigt wird, so daß die Kinder für ihre Schreib- und Malaktivitäten zunächst Filz-, Bunt- und Bleistifte brauchen.

Es dauert nicht lange, und die meisten Kinder sitzen eifrig über ihre Arbeit gebeugt – offensichtlich können sie mit diesem Auftrag etwas anfangen. Einige Kinder zögern und überlegen erst noch, wenige fragen, was sie denn malen oder schreiben sollten. Da helfen kurze Hinweise auf das Lieblingsspielzeug, das Kuscheltier, den eigenen Namen u. ä. ...

Seltener trauen sich einige Kinder gar nicht zu schreiben, weil sie Angst haben, es nicht „richtig" zu machen. Sie malen an diesem Tag eben nur. Am nächsten oder übernächsten Schultag, nach der Erfahrung, daß in den Kreisgesprächen über die Arbeiten kein Kind wegen irgendwelcher „Fehler" angemeckert wurde, tauen meistens auch diese ängstlichen Kinder auf und begeben sich vorsichtig auf ihren „Schreibweg".

Was da am ersten „Schreibtag", in ca. 10 bis 15 Minuten alles gleich produziert wird!

Riesige Buchstaben, winzig kleine Buchstaben, der eigene Name in allen Farben, die Wörter MAMA, PAPA, OMA, OPA in bunten Großbuchstaben. Einige Kinder schreiben bereits ganze Sätze – andere malen nur. Einige schreiben eher Kritzelbriefe (an die verbundene Schrift erinnernd), andere malen Personen oder Tiere mit Sprechblasen, die sie mit Wörtern aus Großbuchstaben gefüllt haben. Manche brauchen nur ein Viertelchen der Seite, während für noch andere die Seite nicht groß genug ist.

Vieles gibt es zu entdecken – und bereits jetzt zeigt sich die Klasse deutlich in ihrer reichhaltigen Vielfalt und in ihrer großen Unterschiedlichkeit.

Die Lehrerin geht während dieser ersten ca. zehnminütigen Schreibphase von Tisch zu Tisch und wirft einen Blick auf die entstehenden Arbeiten. Bleibt sie einen kurzen Moment bei einem Kind stehen, fängt häufig das dort sitzende Kind spontan an, Erklärungen zu seiner Tätigkeit abzugeben. Solche Erläuterungen bzw. kurzen Gespräche über die Arbeit eines Kindes sind sehr aufschlußreich, da die Kinder hierbei mit eigenen Worten ausdrücken, welche Vorstellungen sie darüber besitzen, wie Schreiben funktioniert, woraus sich grundsätzliche Anhaltspunkte für die Planung der weiteren Arbeit ergeben. Ingo, ein offenbar gesprächsfreudiger Junge, beginnt sofort, seine ersten Schreibprodukte zu kommentieren. Er hat ein paar Mal seinen Namen in Großbuchstaben geschrieben sowie einzelne Buchstaben (ebenfalls als Versalien) und einige Ziffern.

„Guck mal, da steht INGO.
Und da ein G. (Ingo spricht „ge“.)
Und da ein N. (Ingo sagt „en“.)
Und da ein A. Und da ein I.“

Frau M., die Lehrerin, erfährt auf diese Weise sofort, daß Ingo die Buchstabennamen, nicht die Lautnamen kennt. Diese Unterscheidung wird in der zukünftigen gemeinsamen Arbeit bald eine große Rolle spielen.

Ingo berichtet währenddessen schon weiter.
„A gehört zu Affe. I gehört zu Ingo.“
Frau M. bestätigt:
„Fein, Ingo. Du kannst deinen Namen schon schreiben, kennst viele Buchstaben und auch schon ‚Zahlen‘.“

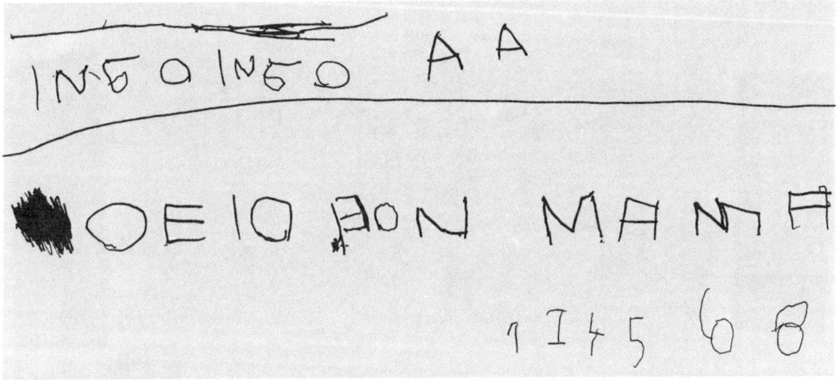

Ermutigt fährt Ingo fort:
„Ja, hier steht 1, 2, 3. Da steht 5.
5 – Wozu gehört denn 5? Hmm?
5 – 5 – gehört zu?“
Frau M. überlegt, was Ingo meinen könnte.
Du meinst: Zu welchem Wort gehört die 5?“
Ingo nickt.
Frau M.: „Ingo, 5 ist eine ‚Zahl‘, kein Buchstabe.
Die 5 gehört nicht zu einem Wort.“
Ingo nickt ganz erleichtert: „Ach so, Ja. Hmm.“

Offenbar versucht Ingo, seine Erfahrungen im Anlautzuordnen auf die von ihm geschriebenen Zahlen zu übertragen.

Das Gespräch mit Ingo hat ca. eine Minute gedauert.

Neben der Beobachtung, daß Ingo nicht zwischen Laut und Buchstabennamen trennt, weiß Frau M. inzwischen noch, daß Ingo erste

Erfahrungen im Anlaut-Zuordnen hat, einige Großbuchstaben zusätzlich zu seinem Namen schreiben kann und gerade am Ausprobieren ist, ob den Ziffern, die er schreiben kann, ähnliche Anlaut-Zuordnungen zukommen, wie er es bei Vokalen gelernt hat.

Darüber hinaus hat Frau M. beobachtet, daß Ingo die Buchstaben, einzelne Elemente addierend, schreibt, zum Beispiel beim „M“ zunächst zwei parallele Striche setzt (II), die jeweils von oben nach unten gezogen werden, und danach die innere Verbindung durch einen Haken (V – M) herstellt. Den Stift hält er dabei noch sehr verkrampft und schreibt mit kräftigem Druck. Er orientiert sich bereits eindeutig an der Links-Rechts-Folge unserer Schrift und versucht, in selbstgezogenen Linien zu schreiben.

Während Frau M. zu einem anderen Tisch geht, ist Ingo bereits dazu übergegangen, etwas zu malen.

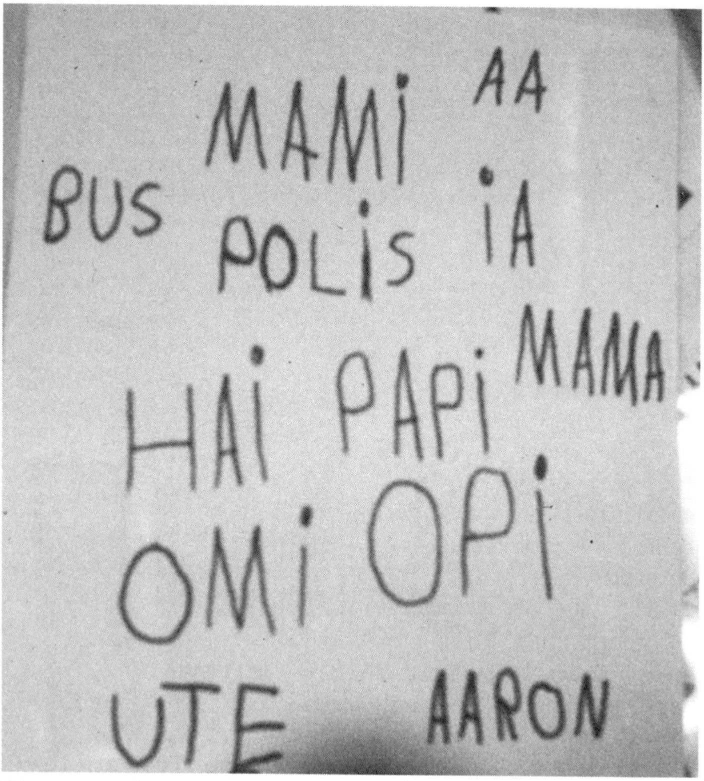

Die erste Seite von Ute, einem Kind, das bereits reichhaltige Schreiberfahrungen in die Schule mitbringt.

Nach ca. zehn Minuten, als erste deutliche Anzeichen von Unruhe zu bemerken sind, nimmt Frau M. – für die Kinder überraschend – eine kleine Glocke zur Hand und klingelt kurz damit. Durch diesen „Überraschungseffekt“ unterbrechen alle Kinder ihre Tätigkeit und schauen verwundert nach vorn.

„Mit dieser Glocke sage ich euch in der nächsten Zeit immer Bescheid, wenn ihr eure Arbeit unterbrechen sollt, weil ich etwas Wichtiges zu sagen habe. Jetzt will ich euch etwas Wichtiges sagen. Legt dazu bitte erst die Stifte aus der Hand und schaut zu mir her.“

Frau M. erklärt, daß – wie sie sehen konnte – alle sehr fleißig geschrieben oder gemalt hätten, und sie sich die Seiten, wenn die Kinder zu Hause sein werden, jede einzeln, genau ansehen werde.

Anschließend wird besprochen, daß jedes Kind Heft, Namenskette und Namensschild auf seinem Platz lassen und die Schreibutensilien in die Büchertasche packen solle. Danach, als alle noch einmal ruhig sitzen, gibt es die erste Hausaufgabe.

Die Kinder sind's zufrieden: eine richtige Schule – mit Schreiben und Hausaufgaben!

Toll!

Was aber ist die Hausaufgabe?

Daß jedes Schreibheft einen Namen braucht, sieht jedes Schulkind sofort ein. Und daß jedes Schulkind eine Lieblingsfarbe hat, ist ebenfalls klar.

Beim Hinausgehen und persönlichen Verabschieden von der neuen Lehrerin erhält jedes Kind einen, auf Wunsch auch mehrere kleine Bögen (ca. DIN-A-5-Format), auf die es in seiner Lieblingsfarbe ein-, zwei- oder dreimal seinen Vornamen schreiben soll, so gut es eben kann.

Dieser Bogen wird am nächsten Tag – vorne auf das Schreibheft geklebt, damit man stets lesen kann, wem das Heft gehört.

Stolz nehmen die Kinder den Bogen für die Schreibhausaufgabe in Empfang und zeigen ihn – bedeutungsvoll schwenkend – den Eltern!

Der nächste Tag beginnt nach den üblichen Begrüßungsritualen damit, daß die Namensbogen gegenseitig begutachtet und in einer Vorstellungsrunde: „Ich heiße Ramona. Hier habe ich RAMONA geschrieben!“ allen Kindern gezeigt werden. Dabei kann es schon zu sehr „fachkundigen“ Kommentaren durch die Kinder kommen.

„Ramona hat aber schön geschrieben, das kann man gut lesen, nicht so klein und krakelig.“

Die meisten Kinder schreiben ihren Namen zu Schulanfang in großen Druckbuchstaben, die kleinen Buchstaben werden erst nach und nach in ihren „Buchstabenbestand“ integriert. Da aber einige Kinder bereits kleine Buchstaben benutzen, kann es schon an dieser Stelle zu einem „Fachgespräch“ über große und kleine Buchstaben durch die Kinder kommen.[2]

Nach der Vorstellungs- und Begutachtungsrunde schneiden die Kinder den schönsten ihrer geschriebenen Namen aus und kleben ihn auf ihr Heft, das noch vom Vortag auf ihrem Platz liegt.

Mit dem Aufkleben des eigenen Namens hat es eine besondere Bewandtnis. Nach ca. sechs bis acht Wochen erhalten die Kinder diese „Hausaufgabe“ wieder, diesmal aber andersfarbige Namensbogen zum Beschriften. Nach dem ersten Schulhalbjahr geschieht dies noch einmal sowie spätestens zur Einführung der Schreibschrift. Alle diese Schriftproben werden auf das Heft geklebt, so daß am Ende des ersten Schuljahres mindestens fünf, sechs, sieben Namenskarten die Schreibentwicklung am eigenen Namen von den ersten Großbuchstaben über die allmähliche Verwendung von Kleinbuchstaben bis hin zur Schreibschrift für das Kind und die Lehrerin dokumentieren.

Dieses besondere Heft wurde das ganze Jahr über für das „freie Schreiben“ der Kinder benutzt sowie für ganz spezielle Schreibaufträge. Dabei wählte die Lehrerin ein besonderes Verfahren.

Nach den ersten Eintragungen direkt ins Heft, zu denen im Kreisgespräch jedes Kind erzählen konnte und für die jedes Kind gelobt wurde, bekamen die Kinder „Schreibzettel“ zur Auswahl, auf die sie schrieben und malten. Diese Zettel wurden anschließend von den Kindern ins Heft geklebt. Dies hatte den Vorteil, daß die Kinder auf unterschiedlichen Formaten, Lineaturen und Papieren experimentierten und sich nach einigen Versuchen selbst für ein bestimmtes Format und eine ihnen angenehme Lineatur (einfache Strichlineatur, Balkenlineatur oder 1. Klasse-Lineatur) entscheiden konnten. Manche Kinder bevorzugten es sogar sehr lange, ohne Linien zu schreiben.

Was wurde in den ersten Wochen von den Kindern in dieses Heft geschrieben? Neben dem eigenen Namen, den Wörtern Mama, Papa, Oma, Opa und kurzen Sätzen wurden die Namen der Freunde und Freundinnen eingetragen. Neueingeführte Buchstaben und Wörter wurden darin freiwillig geübt.

2 Vgl.: Rathenow/Vöge, 1982, S. 50 – 52.

Erste „Schreiberkundungsaufträge“ fanden darin ihren Niederschlag:

- Namen von Geschäften, Tankstellen u. ä. aus der häuslichen Umgebung wurden als „Hausaufgabe“ abgemalt, in der Schule eingeklebt und gelesen.
  (EDEKA, BOLLE, ESSO ...)
- Namen von beliebten Lebensmitteln wurden als Hausaufgabe auf „Schreibzettel“ abgeschrieben, in der Schule eingeklebt und gelesen. Einige Kinder klebten gleich noch die Etiketten dazu.
  (NUTELLA, RAMA, COLA ...)
- Wichtige Türschilder in der Schule wurden auf einem Rundgang erklärt, auf Zettel „abgeschrieben“ und eingeklebt.
  (JUNGEN, MÄDCHEN, TOILETTE, HAUSMEISTER ...)
- Tolle Buchstaben und Wörter aus Zeitungen und Illustrierten, die die Kinder lesen konnten, wurden ausgeschnitten und eingeklebt.
- Wichtige Hinweis- und Verkehrsschilder aus der Umgebung wurden auf einem Unterrichtsgang entdeckt, besprochen, „abgeschrieben“ und „eingeklebt.
  (STOP, HALTESTELLE, POLIZEI ...)
- Eigene Schreibversuche, die im Zusammenhang mit Kim-Spielen entstanden, wurden ebenfalls in dieses Heft geklebt. Bei diesen, von Hans Brügelmann ausführlich beschriebenen Spielen werden ca. acht Gegenstände gut sichtbar auf den Tisch (oder die Erde) gelegt. Zunächst werden die Gegenstände benannt, gezählt und besprochen. Danach werden sie unter einer Decke (oder unter einem Karton) versteckt. Die Kinder müssen nun versuchen, alle acht Gegenstände wieder aufzuzählen. Als einzige Hilfe zur Erinnerung ist es erlaubt, sich die Gegenstände vor dem Abdecken – wie auch immer – „aufzuschreiben“. Und das versuchen die Kinder mit großem Eifer: mit Hilfe von Anlauten, durch Buchstaben-Bild-Kombinationen, durch Skelettschriften, durch Kritzelschriften oder auch mit den richtigen Wörtern.[3]
- Bildunterschriften oder Sprechblasentexte wurden in dieses Heft „geschrieben“ zu selbstgemalten oder aus Illustrierten bzw. Katalogen ausgeschnittenen Bildern. Diese Texte wurden von den Kindern entweder selbst – so gut sie es konnten – „verschriftet“ (nach der Stunde bzw. in der Pause wurden diese Kurztexte von der Lehrerin auf der Schreibmaschine getippt, so daß ein korrekter „Schreibstreifen“ von den Kindern später auf der Seite dazugeklebt werden konnte) oder aber der Lehrerin auf einem speziellen Schreibstreifen diktiert und von dieser Vorlage ins Heft übertragen.

3 Vgl. Hans Brügelmann 1986, S. 9 – 11.

Das Katzenparadies

Eine spontane Wort-Bild-Collage aus der 3. Schulwoche

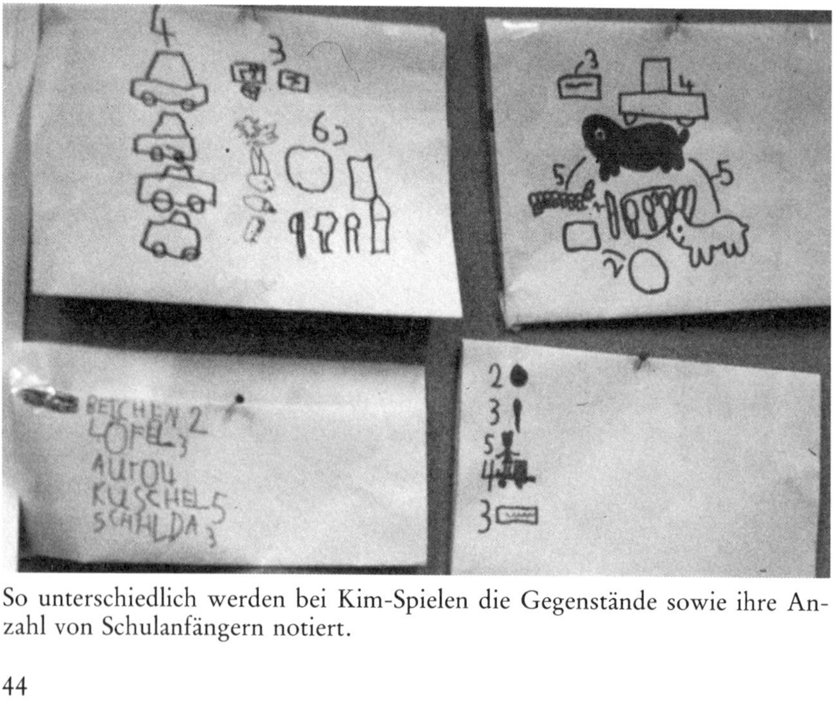

So unterschiedlich werden bei Kim-Spielen die Gegenstände sowie ihre Anzahl von Schulanfängern notiert.

Für alle diese Schreibaktivitäten war charakteristisch,

- daß die Kinder sie mit Lust und Eifer bewältigten, obwohl sie im Laufe der ersten Wochen nur wenige Buchstaben und Wörter offiziell gelernt hatten;
- daß mit erstaunlich großer Sorgfalt versucht wurde, die Schrift aus der Umgebung getreu abzubilden;
- daß diese Wörter auch auf den von der Lehrerin angefertigten Wortkarten wieder gelesen werden konnten;
- daß alle Schreibaufgaben in ein Kreisgespräch über die Erlebnisse bei der Aufgabenbewältigung mündeten, in dem die Kinder ihre Entdeckungen darstellten und ihre Beobachtungen beim Schreiben mitteilten (war schwer, so lang, so viele Buchstaben) und gemeinsam festgestellt wurde, welche Laute/Buchstaben die Kinder in diesen Wörtern wiedererkannten (meistens viel mehr als vom Lehrgang her eingeführt);
- daß bereits durch den Lehrgang allgemein eingeführte Buchstabenzeichen in der „gemeinsam verabredeten Folge“ geschrieben werden sollten. Dies wurde im Kreisgespräch jeweils angesprochen und von den Kindern als Bewegungsfolge demonstriert. („Wie hast du denn das große M geschrieben? Mach' es bitte für alle noch einmal vor . . .“);
- daß „unbekannte“ Buchstaben so geschrieben wurden, wie es den Kindern spontan „in die Hand“ kam, wobei mit zunehmender Schreibpraxis auch „unbekannte Buchstaben“ in Analogie zu bereits erarbeiteten in sinnvollem Ablauf geschrieben wurden;
- daß die Seiten in diesem besonderen Heft (pro Aufgabenstellung eine neue Seite) nicht sofort als „fertig“ galten, sondern die dort geschriebenen Wörter bzw. Wortzeichen zu späteren Zeitpunkten erneut – diesmal auf andere Art und Weise – geschrieben und dazugeklebt wurden. An einem der nächsten Tage waren die Kinder zum Beispiel damit beschäftigt, „Cola“, „Minuto“, „Nutella“, . . . auf spezielle Streifen zu stempeln und diese anschließend auf die betreffende Seite zu kleben. Ein anderes Mal wurden diese Wörter auf der Schreibmaschine getippt und ins Heft geklebt. Auch aus Zeitungen wurden diese Namen ausgeschnitten bzw. aus Buchstaben zusammengesetzt und auf der Seite eingefügt. Mit der Zeit entstanden auf diese Weise viele Seiten mit schönen, bunten Wort-Collagen.

Darüber hinaus galt, daß diese besonderen Schreibhefte zunächst nur in der Schule blieben. Erst nach einigen Wochen, anläßlich der zu dem Zeitpunkt ohnehin fälligen Elternversammlung, wurden die Hefte den Eltern von der Lehrerin vorgestellt, wobei an diesem Abend bereits für jedes Kind eine erste Schreibentwicklung aufgezeigt werden konnte.

Auf diese Weise waren die Eltern von den anfänglich teilweise noch recht „unvollständigen“ Schreibprodukten ihrer Kinder nicht schokkiert, sondern sahen die ersten Fortschritte und konnten die Entwicklung würdigen.

Als Orientierungs- und Hilfsmittel für die eigenständigen Schreibversuche der Kinder konnte in dieser Klasse eine spezielle Buchstabenkartei benutzt werden. In dieser Kartei, die für alle Kinder zugänglich war, waren die Druckbuchstaben in ihrem Schreibbewegungsablauf (mit Hilfe von Pfeilen) dargestellt. Jeder Druckbuchstabe war (im DIN-A-6-Format) mehrfach vorhanden, so daß sich mehrere Kinder gleichzeitig denselben Buchstaben herausnehmen konnten (und nach Gebrauch wieder einsortieren mußten).

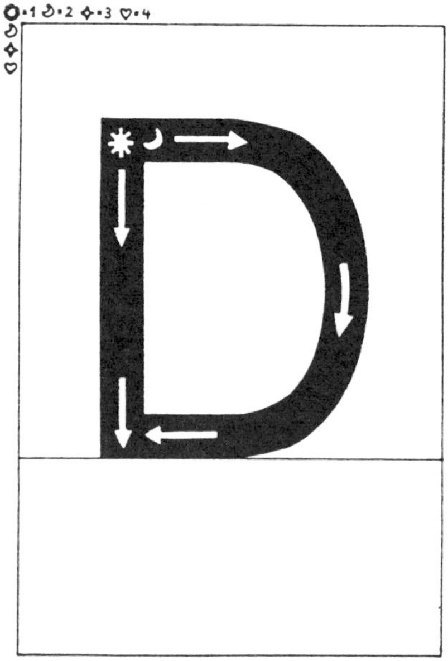

Dieselben Karten (im DIN-A-4-Format) wurden bei der allgemeinen, lehrgangsgesteuerten Erarbeitung der Schreibabfolge einzelner Buchstaben als Demonstrationskarten für alle Kinder gut sichtbar in der Klasse aufgehängt. Als hilfreich hatte es sich erwiesen, daß auf bzw. nach der ersten Elternversammlung einige Eltern geholfen hatten, die kleinen Karteikarten mit Folie zu beziehen, so daß die Kinder den Schreibablauf mit wasserlöslichen Filzstiften auch direkt auf der Karte üben konnten.[4]

4 Die Kopiervorlagen zu den Schreibbewegungsabläufen können gegen Unkostengebühr beim Pädagogischen Zentrum Berlin, Uhlandstr. 96/97, 1000 Berlin 31 bezogen werden unter dem Titel: G. Spitta, G. Wilhelm, Kopiervorlagen für die Druckschrift, Berlin 1986.

Beispiel B

In der Klasse von Frau W., die aus zwei verschiedenen Hortgruppen, Kindern, die weder Vorschule noch Kindergarten besucht haben, sowie fünf Kindern aus der Türkei, zusammengesetzt wurde, steht das gegenseitige Kennenlernen besonders stark im Vordergrund. Frau W. hat daher zunächst die Arbeit mit der Fibel verschoben zugunsten der Erstellung eines großen ICH-Plakates für jedes bzw. mit jedem Kind.

An einem der ersten Schultage, nach der Einführung der ersten Begrüßungs-, Melde- und Verabschiedungsrituale geht es gleich an die Arbeit. Im Klassenraum – an den Wänden – hängen 25 große farbige Kartons. Auf jeden Karton ist oben ein weißer Satzstreifen geklebt. „Das bin ich", steht darauf geschrieben (in Druckbuchstaben – Gemischt-Antiqua) – jedes Wort in einer anderen Farbe –.

Gestern, am zweiten Schultag, hingen die Plakatkartons noch nicht da. Im Morgenkreis, mit dem in dieser Klasse jeder Tag beginnt, fragen gleich einige Kinder, was das denn solle.

Frau W. hat Glück, ein Kind in ihrer Klasse kann schon lesen, und dieses liest jetzt stolz vom ersten Plakat die Aufschrift vor. „Das bin ich." Einige Kinder fragen sofort: „Und was steht'n da? ..." Ein regelrechtes Frage-Antwort-Spiel entwickelt sich, bis alle Kinder anfangen zu lachen. „Da steht ja überall dasselbe." Frau W. erklärt dazu: „Richtig – überall dasselbe – für jedes Kind eine farbige Pappe, für jedes Kind denselben Satz, weil jeder von euch einen Platz an der Wand für sich bekommt. Damit wir uns alle gut kennenlernen und uns hier richtig zu Hause fühlen. – Damit ihr jeder euer Plakat wiederfindet und wir anderen euch auch, werdet ihr die Pappe mit ganz vielen Sachen von euch vollkleben."

Die Kinder entwickelten spontan eine Vielzahl von Ideen, was alles auf das Plakat geklebt werden sollte: Lieblingsfarbe, Name, Straße, Haustiere, Geschwister, Schuhgröße ....

„Heute bekommt ihr von mir einen Malbogen, auf dem ihr euch selbst malen sollt, so wie ihr jetzt seid. Dieses Bild von euch – am besten auch mit eurem Namen drauf – kleben wir heute in die Mitte des Plakates. Nach und nach kleben wir alle eure Vorschläge dazu."

Die Kinder erhalten vorbereitete Bogen, gehen damit auf ihre Plätze und beginnen mit der Arbeit. Es dauert nicht lange, bis die ersten Kinder tuscheln und dann laut sagen „Da steht ja auch ‚Das bin ich' drauf."

„Richtig! Ihr habt aber gut aufgepaßt!" Alle lesen jetzt natürlich vor sich hin „Das bin ich".

„Wenn ihr wollt, könnt ihr den Satz ‚Das bin ich' zum Schluß nachschreiben – auf meine Buchstaben drauf. Am besten ihr nehmt – wie auf dem Plakat – für jedes Wort eine neue Farbe.

Und vergeßt nicht, euren Namen auch dazuzuschreiben."

Frau W. benutzt – wie selbstverständlich – die Begriffe Satz, Buchstabe, Wörter. Ihr ist klar, daß nur ein kleiner Teil der Kinder bereits genaue Vorstellungen von diesen Begriffen hat, aber indem sie diese Fachsprache von Anfang an benutzt, haben die Kinder die Chance, sie – im Gebrauch experimentierend – nach und nach mit Inhalt zu füllen.

Auch hier in dieser Klasse zeigen sich anhand der ersten Schreib- und Malarbeiten die unterschiedlichen Temperamente und Vorerfahrungen der einzelnen Kinder.

Da gibt es Bilder mit großen, bunten, in kräftigen Strichen gezeichneten Persönlichkeiten darauf, das Lieblingsspielzeug oder Tier in der Hand haltend. Daneben sieht man kleine „Männchen", in grau gehalten, die sich kaum trauen, in Erscheinung zu treten.

Hier ist der Name in riesigen Großbuchstaben quer über das ganze Bild geschrieben, dort ist er kaum sichtbar in die unterste Ecke des Bogens gedrängt worden. Einige Kinder schaffen es bereits, den Satz „Das bin ich", sehr präzise, jedes Wort in einer anderen Farbe auf der Vorlage nachzuschreiben, manche haben den Satz sogar noch einmal neu dazu geschrieben oder sich mit Sprechblasen ausgestattet.

Andere haben die Vorlage dünn, mit zitterndem Bleistift nachgemalt. Geschafft haben es alle – so daß am Ende der Stunde bereits von jedem Kind das erste Bild im Klassenraum hängt.

Als die Kinder am nächsten Morgen zur Schule kommen, ist die Tafel kreuz und quer mit Wortkarten behängt. Frau W. will den Kindern die Möglichkeit geben, diesen ersten, wichtigen Satz erneut – diesmal bewußter – als aus Wörtern und Buchstaben zusammengesetzt zu erfahren. Es dauert nicht lange, bis die Kinder nach anfänglichem Amüsement „Ordnung" in dieses „Wörterdurcheinander" bringen. „Aufräumen" – das kennen sie alle von zu Hause.

Der erste Satz „Das bin ich" ist am schwersten zusammenzubauen. Beim fünften Satz schafft es auch Aysen, die erst vor kurzem aus der Türkei gekommen ist, ein Wort an die richtige Stelle zu kleben. Stolz betrachten die Kinder ihr „fünffaches Werk".

Nun beginnt das große Versteckspiel!

Die Kinder schließen die Augen und legen den Kopf auf den Tisch – ein Kind schleicht unhörbar nach vorne. Es darf eine Wortkarte von der Tafel stibitzen und in die Schublade des Lehrerpultes legen. Auf ein verabredetes Zeichen hin schauen alle Kinder gespannt hoch. Welche Karte fehlt? Wie hieß das Wort? Ein beliebtes Spiel, bei dem die Kinder sich unmerklich mit dem Wortbegriff auseinandersetzen. Statt die Wortkarten nach dem Erraten des Wortes wieder an ihren Platz zu kleben, schreibt Frau W. das jeweilige Wort mit bunter Kreide in die entstandene Lücke. Beiläufig fragt sie zum Beispiel beim Wörtchen „Das", nachdem sie das „D" geschrieben hat, ob jemand wisse, welcher Buchstabe denn nun wohl komme. Natürlich kennen einige Kinder bereits das „a", einige können es auch schon aus Wörtern heraushören (aus ihrem Namen, aus Cola . . .). Sie „diktieren" es ihrer Lehrerin zum Schreiben. Die anderen Kinder werden auf diese Weise „ganz nebenbei" über einzelne Buchstabenlautbeziehungen im Wort „informiert". Frau W. erwartet nicht, daß nun alle Kinder das „a" kennen, aber sie nutzt solche Gelegenheiten, in denen bestimmte Kinder ihr Vorwissen den anderen als Information anbieten – zur freien Verfügung, ohne Lernzwang. An einer anderen Stelle weist sie die Kinder beim „An-die-Tafel-Schreiben" darauf hin, daß bei uns fast alle Buchstaben von oben nach unten geschrieben werden. „Also, immer versuchen oben anzufangen!"

„Wer probiert es beim Wort „Das" beim „a"?"

Nach und nach trauen sich die Kinder, einzelne Buchstaben, manche auch ein ganzes Wort in die Lücken zu schreiben. Frau W. kann dabei jedes Kind gut beobachten und gibt behutsam individuelle Schreibhinweise.

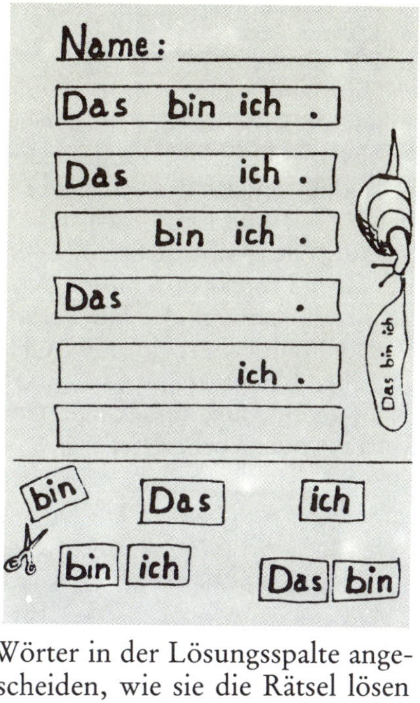

Anschließend bekommen die Kinder einen Rätselbogen, den sie in Einzel- oder Partnerarbeit lösen können.

Auch hier wurde der Satz „Das bin ich" nach einer vollständigen Version – als Modell gedacht – mit Leerstellen versehen. Bei den beiden letzten Sätzen fehlen sogar zwei Wörter. Als Hilfe bzw. Kontrolle sind alle fehlenden Wörter in der Lösungsspalte angegeben. Die Kinder können sich entscheiden, wie sie die Rätsel lösen wollen: durch Hineinschreiben der Wörter oder durch Hineinkleben. Beide Lösungswege wurden von den Kindern gewählt; weitaus häufiger allerdings der erste: das Hineinschreiben.

In den folgenden Wochen fuhr Frau W. im Unterricht doppelgleisig fort. Zum einen wurde als fortlaufendes Projekt das ICH-Plakat weiter bearbeitet. Pro Woche (ungefähr) kam ein „Schreib-Lese-Mal-Ereignis" hinzu, das auf ähnliche Weise in Analyse-Synthese-Schritten bearbeitet wurde wie der erste Satz. Konkret hießen die nächsten „Produkte":

- Das bin ich – früher. Die Eltern waren im Einladungsbrief zur bzw. auf der ersten Elternversammlung gebeten worden, ein Babyfoto mitzubringen. Zu den Fotos wurde von den Kindern besonders lebhaft erzählt. Die Fotos wurden auf bunte Bogen geklebt, der Satz „Das bin ich – früher", von den Kindern nach Vorlage auf Schreibstreifen geschrieben und dazugeklebt. Anschließend wurde das Poster damit geschmückt.
- Das bin ich – heute. Am zweiten Schultag hatte Frau W. die Kinder beim Malen fotografiert. Inzwischen waren die Bilder entwickelt. Verfahren: ähnlich wie beim ersten und zweiten Satz.
- Das ist mein Freund.
- Das ist meine Freundin.
- Das ist meine Unterschrift.
- Ich komme aus ___________.
- Ich esse gern ___________.
- Ich spiele gern ___________.

Zum anderen begann nach der zweiten Woche die Arbeit mit der Fibel, wobei Frau W. darauf achtete, daß jeder Buchstabe (einer Laut-Buchstabenbeziehung) bzw. jedes Wort aus dem Fibelwortschatz auch über das Druckschreiben geübt und gefestigt wurde. Hier, während der Arbeit mit Einzelbuchstaben, war jeweils die Stelle, an der der genaue Schreibablauf bewußt gemacht und geübt wurde. Fortlaufendes ICH-Projekt und Fibelarbeit waren dadurch eng miteinander verzahnt, daß anhand der Fibel erarbeitetes Wissen (um Zusammenhänge und Schreibweisen) in den ICH-Texten angewandt werden konnte. Darüber hinaus zeigte es sich sehr häufig, daß „Neues" in der Fibel nicht mehr ganz unbekannt, sondern durch die ICH-Texte bereits vertraut oder vorbereitet war.

So sah Svenjas Ich-Plakat nach den ersten drei Wochen aus.

Beispiel C

Herr L. hatte die Kinder seiner Klasse schon einige Male in der „Vorklasse“ seiner Schule (so heißen in Berlin die Vorschulklassen an den Schulen) besucht. Die Kinder selbst kannten ihn von Besuchen ihrerseits in seiner „alten“ vierten Klasse. Da mit der Einschulung insgesamt nur vier Kinder hinzugekommen waren, stellte die Klasse zu Schulbeginn bereits ein relativ stabiles soziales System dar. Das große Kennenlernen und Eingewöhnen war weniger aufwendig und weit weniger dramatisch als in anderen Situationen.

Herr L. ging daher auf seine Art „gleich zur Sache“.

Am zweiten Schultag setzte er sich mit seinen Schützlingen in den Erzählkreis und führte mit ihnen ein Gespräch über „Wörter“.

Kaum zu glauben, am zweiten Schultag in einer ersten Klasse – ein Gespräch über Wörter!

Herr L. begann damit, daß er ein wenig von sich erzählte, davon, wie er zur Schule gekommen sei, wie aufgeregt er war und davon, daß er mit der festen Absicht zur Schule gekommen war, gleich ganz viele Wörter lesen und schreiben zu lernen. Ein Wort sei ihm besonders wichtig gewesen, so wie eine Art „Lieblingswort“. Dieses Lieblingswort wollte er unbedingt lesen und schreiben lernen. Aber – leider sei sein Lieblingswort erst ganz spät dran – und er dadurch ziemlich enttäuscht gewesen. Aber noch heute wisse er dieses Lieblingswort: „KATZE“. Er habe nämlich seine Katze ganz besonders lieb gehabt. Dies ist das Stichwort für die Kinder.

Nach einer Phase des spontanen Berichtens über eben solche „Lieblingsdinge“ nennt jedes Kind im Kreis sein Lieblingswort, das es als erstes lesen und schreiben können möchte. Während jedes Kind noch einmal deutlich artikulierend sagt „Mein Lieblingswort heißt . . . .“, schreibt Herr L. das jeweilige Wort – für die Kinder deutlich in einer Art Schreibsprache mitartikulierend – auf eine DIN-A-5-Karteikarte.

Da gibt es viele Hunde, Katzen, Hasen, Puppen, Autos, aber auch Wörter wie Video, Karate, Türkei, Motorrad, Fernseher . . . gehören dazu.

Herr L. hat die Karteikarten nach dem Aufschreiben bewußt nicht gleich an die Kinder verteilt. So, wie er den Kindern die Möglichkeit geben wollte, mitzuverfolgen, wie er ihr Wort schreibt, wie ihr Wort Stück für Stück auf der Karte entsteht, so hat er anschließend für eine spannende „Lese-Erfahrung“ gesorgt.

„Ihr kennt ja vielleicht schon Kartenspiele. Bei solchen Kartenspielen werden am Anfang die Karten erst einmal „anständig“ gemischt. Das tue ich jetzt auch. Oder mischt einer von Euch?“

„Mal sehen, ob danach auch noch alle Lieblingswörter vorhanden sind!"

Für die Kinder ist es tatsächlich eine spannende Situation, ob noch alle Lieblingswörter vorhanden sind – oder etwa nicht?

Karte für Karte werden die Wörter jetzt – ganz deutlich – vorgelesen.

Das jeweilige Kind steht dazu auf.

Ein Glück – zum Schluß stehen tatsächlich alle Kinder.

Noch einmal wird gemischt. Diesmal erhält jedes Kind seine Karte mit dem Auftrag, an seinem Platz auf der Rückseite seiner Karte (gar nicht so einfach – was ist die Rückseite) den zum Lieblingswort gehörigen Gegenstand zu malen sowie seinen Namen zum Bild dazu zu schreiben.

Während dieser Zeit notiert Herr L. in einer Liste für sich das Lieblingswort und den Namen des jeweiligen Kindes. Als Hausaufgabe erhalten die Kinder den Auftrag, ihr Lieblingswort zu Hause „vorzulesen". Falls sie in einer Illustrierten oder Reklameschrift ein Bild ihres Lieblingswortes finden, können sie es ausschneiden und ebenfalls auf die Rückseite der Karte kleben. Damit die Lieblingswortkarte etwas „länger lebt", erhält jedes Kind zum Transport in der Mappe eine Klarsichthülle im DIN-A-5-Format.

Am nächsten Tag werden die Lieblingswortkarten im Erzählkreis begutachtet, vorgelesen, getauscht, zurückgetauscht . . . .

Fast alle Kinder haben übrigens ein Bild dazugeklebt, einige auch die Schriftzüge des Lehrers nachgespurt. Alle sind in jedem Fall stolz auf ihre Karten. Anschließend hat Herr L. eine „Überraschung" (so sehen es die Kinder) vorbereitet. Er klappt die Tafel auf – für jedes Kind klebt dort das Lieblingswort, besonders schön auf einen farbigen Kartonstreifen geschrieben. Die Freude der Kinder ist groß, besonders als sie entdecken, daß über einer Ecke der Tafel „Strippen" (Fäden) mit Wäscheklammern daran hängen.

Pfiffig, wie (Berliner) Kinder sind, wissen sie gleich, wozu die „Strippen" gebraucht werden. „Wir hängen die Lieblingswörter 'dran und binden uns eine Kette um!"

Die Wortkarten sind übrigens beidseitig beschrieben, so daß sie nicht nur von den anderen, sondern auch von dem jeweiligen Kind – durch leichtes Anheben vom Körper weg – ohne Probleme gelesen werden können. Jedes Kind „liest" nun sein Wort von der Tafel ab und bindet die Kette um. Schön sehen die Kinder aus mit den bunten Wortketten. Das finden sie übrigens auch.

Nach gebührender Würdigung der Ketten ist es Zeit für das „Mein-rechter-Platz-ist-leer-Spiel", wobei die Kinder nicht mit ihrem Namen, sondern mit dem Lieblingswort hergewünscht werden. Wer ein Wort nicht lesen kann, bekommt „Flüsterhilfe". Doppelt vorkommende Lieblingswörter sind bewußt auf verschiedenfarbige Pappe geschrieben, so daß es ein blaues, ein rotes und ein gelbes Auto gibt.

Nach dem Spiel können die Kinder aus drei Aufgabenstellungen zwei auswählen, die sie bearbeiten wollen; sie „dürfen" auch alle drei Arbeiten „erledigen". Unter das vom Lehrer auf der Lieblingswortkarte geschriebene Wort soll jedes Kind das betreffende Wort auf verschiedene Weise ebenfalls schreiben:

- getippt mit einer der beiden Klassenschreibmaschinen; dazu wird die Wortkarte als Vorlage neben die Maschine gelegt, das Wort ein-, zwei- oder dreimal auf einen kleinen Bogen getippt, ausgeschnitten und auf die Karteikarte geklebt.
- gestempelt; es sind mehrere Stempelkästen vorhanden; das Stempeln erfolgt ebenfalls nach Vorlage auf spezielle Schreibstreifen.
- aus Buchstaben zusammengeklebt, die aus einer speziellen Vorlage oder aus Zeitungen dazu ausgeschnitten und auf einen Schreibstreifen geklebt werden.

Die Kinder sind es aus der Vorklasse gewöhnt, selbständig zu arbeiten, ihre Arbeit zeitlich einzuteilen (die Schreibmaschinen sind gerade besetzt, also geh' ich erst stempeln) sowie sich in Partnerarbeit zu unterstützen. Wer alles geschafft hat, klebt seine Karteikarte (in der Klarsichthülle) an die Tafel, damit am Schluß alle Ergebnisse gewürdigt werden können.

Der nächste Tag beginnt damit, daß die Kinder nicht nur ihre Namenskarten aus dem Stapel heraussuchen müssen, sondern ebenfalls ihre Lieblingswortkette. Nach einigen kleineren Verwechslungen gelingt das allen ziemlich schnell. Die Kinder wollen unbedingt wieder „Mein rechter Platz ist leer" spielen. Anschließend schlägt Herr L. das „Wörter-Tausch-Spiel" vor, das von da an ebenfalls zu einem „Renner" wird. Dazu gehen zwei Detektive vor die Klassenzimmertür, nachdem sie sich zuvor alle Wortkarten und die betreffenden Kinder gut angesehen haben. In der Zwischenzeit vertauschen zwei andere Kinder ihre Wortketten. Wieder im Klassenraum beraten die beiden Detektive, welche Wortkarten vertauscht wurden.

Und siehe da – sie lösen den „Fall". „Peter hat jetzt ‚Hase', das ist falsch! Moni hat ‚Eisenbahn', das ist auch falsch!"

Anschließend erhalten die Kinder zwei Arbeitsaufträge, die sie in einer von ihnen selbst bestimmten Reihenfolge erledigen. Da viele Kinder das Nachspuren ihrer Lieblingswörter auf der Karteikarte bereits eingeständig ausprobiert haben, hat Herr L. entsprechende Arbeitsbogen vorbereitet.

Für jedes Lieblingswort gibt es Bogen, auf denen die Druckbuchstaben mit Schreibpfeilen versehen sind. Die Kinder finden die Bedeutung der Pfeile am Tafelbeispiel schnell heraus und machen sich begeistert an die Arbeit. Jedes Kind soll zwei Wörter (das eigene und das eines anderen Kindes) auf diese Weise schreiben. Auf jedem Bogen steht das Lieblingswort viermal vorgeschrieben. Natürlich schreiben die meisten Kinder nicht nur zwei Wörter.

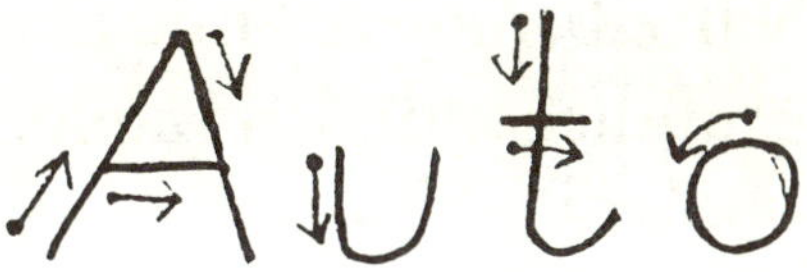

In den nächsten Tagen werden die Wörter auf diejenigen Buchstaben-Laut-Beziehungen hin untersucht, die die Kinder bereits aus ihren Namen und von anderen Wörtern her kennen. Dabei entstehen viele Wortpuzzles, die von den Kindern selbst hergestellt und auch wieder zusammengesetzt werden.

Ein besonderes Erlebnis ist in diesem Zusammenhang für die Kinder, daß sie ihre Wörter aus Fymo-Material „töpfern" können. Nach dem Trocknen werden die Namen auf bunte Pappe geklebt und gerahmt (mit einer Buchstabenschmuckkante), um damit eine „Wörterausstellung" für die Elternversammlung zu gestalten.

Auch in dieser Klasse ergänzen sich in den nächsten Wochen Fibel-Arbeit und Arbeit mit den Lieblingswörtern.

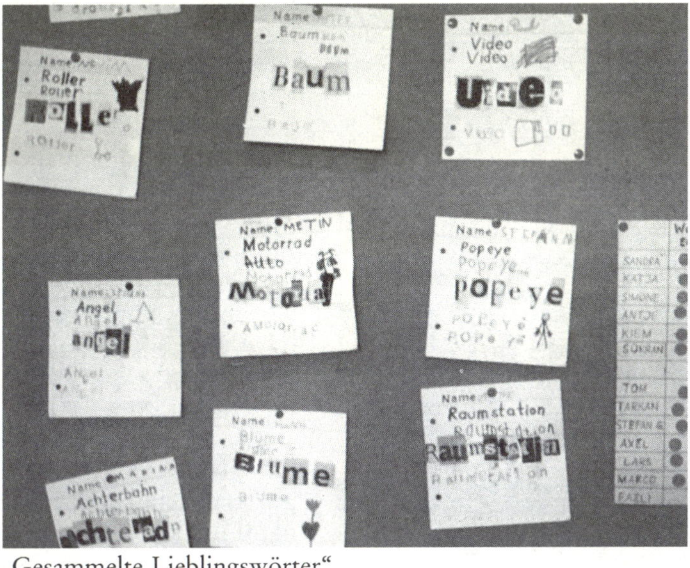

„Gesammelte Lieblingswörter"

Schreibenlernen mit der Druckschrift – grundlegende Prinzipien

Alle drei skizzierten Schreibanfänge besitzen im Hinblick auf
- Schreibmotivation und Schreibsituationen
- Erarbeitung einzelner Schreibbewegungsabläufe
- Verwendung von Hilfsmitteln
- Verwendung von Lineatur, Schreibgerät, Beachtung der Schreibhaltung
- Übung, Wiederholung

trotz ihres unterschiedlichen Vorgehens typische Gemeinsamkeiten.

- Ausgangspunkt war nicht ein von der Fibel vorgegebenes Wort, sondern in allen drei Klassen wurde versucht, an die Schreibinteressen der Kinder anzuknüpfen (ICH-Poster, eigener Name, Lieblingswörter, eigene Schreibexperimente). Das Wortmaterial aus den Fibeln kam später ergänzend, die ersten Schreiberfahrungen aufgreifend, hinzu.
  Geschrieben wurde täglich, fast stündlich. Dabei griffen die Kinder in Situationen, die zum Schreiben geeignet waren, häufig von sich aus zum Schreiben (Nachspuren, Nachschreiben, Schrift erfinden).
  Im Unterricht wurden von den Kindern innerhalb funktionaler Schreibanlässe mit Begeisterung erste Merkzettel, Notizen und Mitteilungen in „Geheimschrift“ verfaßt (Wort-Bild-Kombinationen ...: Turnzeug mitbringen, Tuschzeug einpacken ...). Besonders beliebt waren von Anfang an „Klassenlisten“ für bestimmte Organisationen oder Ereignisse, in die jedes Kind selbst seinen Namen eintragen konnte.

  Die nebenstehende Liste schrieben die Kinder in der zweiten Schulwoche anläßlich der Einteilung in zwei Gruppen (Schlümpfe und Bären).

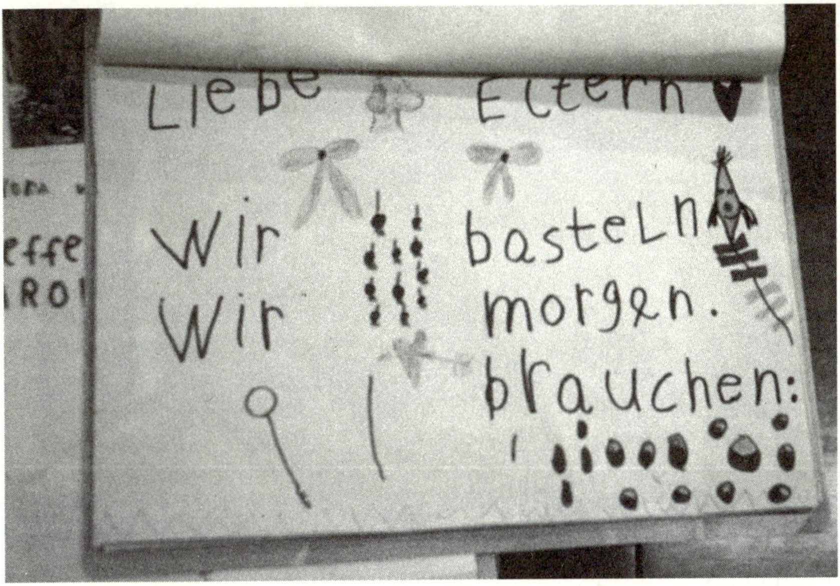

Dieser „Elternbrief" entstand in der 3. Schulwoche als „echte" Mitteilung.

- Schreibvorübungen im Sinne des Trainings isolierter Formelemente oder der bekannten Schwungübungen gab es nicht. Stattdessen wurde von den ersten Wörtern an „richtig" geschrieben. Die Erarbeitung der einzelnen Schreibbewegungsabläufe geschah zum einen im Zusammenhang mit diesen ersten Wörtern, mal durch Schreibversuche an der Tafel, mal durch Vorlagen mit Schreibrichtungspfeilen, mal durch Nachspuren, mal durch Schreiben mit nassem Finger auf der Tafel u. a. m. . . . .
  Zum anderen wurde jedes einzelne Schriftzeichen im Zusammenhang mit dem Fibelangebot als Einzelzeichen in seiner Laut-Buchstaben-Beziehung und Schreibbewegung durch vielfältige sinnliche Erfahrung erarbeitet (spuren, kneten, backen, töpfern, kleben, formen, drucken, stempeln).
- In allen Klassen konnten die Kinder auf verschiedene Hilfsmittel zum eigenständigen Schreiben zurückgreifen:
  - Karteikarten mit dem Schreibbewegungsablauf zum Nachschlagen und Nachspuren;
  - Wortvorlagen zum Nachspuren und Nachschreiben mit bzw. ohne Schreibbewegungspfeile;

– Schreibmaschinen, Stempelkästen, Buchstabenschablonen, teilweise Schuldruckereien, Buchstabensortimente zum Ausschneiden und Kleben.

- Lineaturen und Schreibgeräte konnten von den Kindern selbst erprobt werden, wobei sich eine deutliche Bevorzugung der Balken-Lineatur herausstellte. Auch die übrigen gebräuchlichen Lineaturen fanden Zuspruch, dabei vor allem die einfache Linie und die Balken-Lineatur mit gestrichelter Ober- und Unterkante.

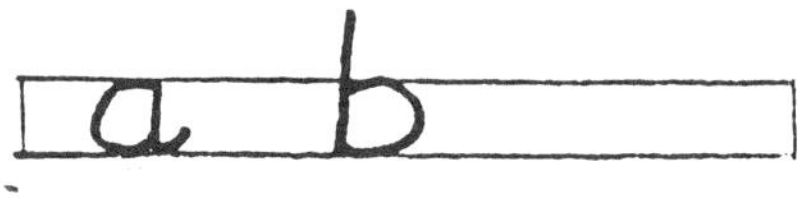

einfache Balken-Lineatur

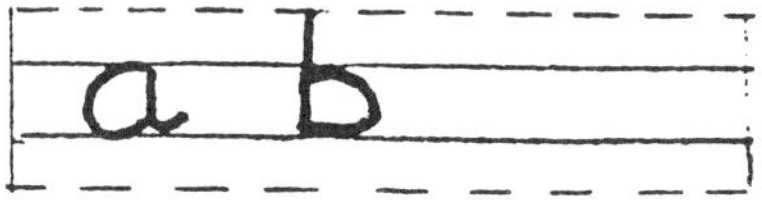

Balken mit gestrichelter Ober- und Unterkante.

Je mehr die Kinder schrieben, desto häufiger wechselten sie von den Filzstiften zum Bleistift. Schreibhaltung und Schreibgriff wurden mit jedem Kind individuell besprochen und geübt.

- Übung und Wiederholung orientierten sich zum einen an bewährten Prinzipien aus der Fibelarbeit. Zum anderen wurden sie ausgesprochen produktiv erweitert und ergänzt durch „Übungsbedürfnisse“ und „Wiederholungswünsche“ der Kinder. Diese besonderen Vorlieben bezogen sich auf einzelne Tätigkeiten (Nachspuren ...), einzelne Arbeitsbogen (Wörterpuzzles), einzelne Spielsituationen (Wörter-Tausch ...), einzelne Schreibanlässe (Merkzettel ...).
Marion Bergk bezeichnet diese auch von ihr beobachteten speziellen Wiederholungsvorlieben treffend als ein Grundprinzip kindlichen Lernens; nämlich, „das Inszenieren von Wiederholungen, um Erfahrungen zu vertiefen“[1].
- In allen drei Klassen wurden die Schreibprodukte der Kinder im anschließenden Kreisgespräch gegenseitig gewürdigt. Dabei erklärten die Kinder häufig Entstehung und Besonderheiten ihrer Arbeit: warum sie so und nicht anders geschrieben hatten, was sie gut fanden, was nicht gelungen sei. Von Anfang an entwickelte sich auf diese Weise mit und unter den Kindern eine Metakommunikation über das Schreiben selbst, ein reflektierendes „Schreibgespräch“ über alle Aspekte, die für die Kinder beim Schreiben von Bedeutung waren.

1 Vgl. Marion Bergk, 1986, S. 42 ff.

Probleme beim Schreibbeginn mit der Druckschrift

Unterrichtsergebnisse fallen häufig anders aus als geplant. Diese Erfahrung gehört zum „täglichen Brot“ des Schulalltags. Darauf konstruktiv zu reagieren, ist pädagogischer Imperativ. Weiterhin ist es für Unterrichtsprozesse in der Schule typisch, daß manche Kinder mehr Schwierigkeiten haben und größere Anstrengungen vollbringen müssen, um ein Ziel (sei es auch selbst gesetzt) zu erreichen. Darüber hinaus weist jeder Lerngegenstand charakteristische kritische Stellen auf, an denen es besonders leicht zu Irritationen im Lernprozeß kommen kann.

Mit Schwierigkeiten zu rechnen, die aus der Analyse des Bedingungsfeldes „Kind, Sache, Schule“ heraus zu erwarten sind, erspart manche Enttäuschung und erhält handlungsfähig.

Vorbeugendes Akzentuieren oder Strukturieren bestimmter Aspekte eines Lerngegenstandes kann helfen, unnötige sachlogisch oder psychologisch bedingte Irritation zu vermeiden bzw. zu reduzieren.

Um diesen Aspekt von Unterricht, nämlich darum, welche typischen Schwierigkeiten aufgrund von Analyse und Erfahrung wahrscheinlich sind, ohne daß diese Schwierigkeiten nun tatsächlich alle, gerade so oder aber überhaupt auftreten müssen, geht es in den folgenden Ausführungen.

Grundsätzlich ist in diesem Zusammenhang festzustellen, daß bei Wahl der Druckschrift als Erstschrift *wesentlich weniger* Probleme auftreten als beim Beginn mit der Schreibschrift.[1]

Bei allen möglicherweise sich ergebenden Schwierigkeiten ist es zunächst besonders wichtig, dem Kind mit warmherziger Geduld zu begegnen.

Meistens schätzen Kinder ihre im Vergleich zu anderen weniger „präsentablen“ Leistungen sehr schnell selbst als negativ ein und erleben dadurch starke Belastungen ihres Selbstwertgefühls. Angst und Minderwertigkeitsgefühle stellen jedoch eine denkbar ungünstige Ausgangsbasis dar für neue Lernprozesse.

Geduld, Entlastung von unnötigem Druck, kleine Anregungen, individuelle Hilfen und vor allem deutliche Bestätigung auch kleinster

1 Vgl. hierzu: Der Druckschriftbeginn und seine angeblichen Folgen.

Fortschritte helfen den Kindern am ehesten, wieder Mut zu neuen Lern- bzw. Schreibabenteuern zu fassen.

Auch ist es ratsam, die guten, so angenehm ansehnlichen Schreibleistungen von Kindern aus schriftorientierten Elternhäusern nicht zum Maßstab für die eigenen Leistungserwartungen zu machen. Diese Kinder schreiben häufig nicht aufgrund von Schulunterricht so gleichmäßig, leserlich und „formschön“, sondern dank (oft jahrelanger) Schreibvorerfahrungen im Elternhaus. Bei der Einschätzung der Schrift- bzw. Schreibentwicklung eines Kindes muß stets die jeweilige Ausgangslage in Betracht gezogen werden.

Ertan, ein türkisches Kind mit sehr geringen Schreiberfahrungen, konnte zu Schulbeginn gerade seinen Namen in Großbuchstaben zu Papier bringen, was er mit Begeisterung „übte“. Im Oktober des ersten Schuljahres, fünf Wochen nach der Einschulung schrieb Ertan seinen ersten, von ihm diktierten Satz nach Lehrervorlage ab: mit Stolz, Eifer und großer Hingabe.

Ohne die Ausgangslage dieses Kindes zu berücksichtigen, käme man schnell zu einer recht negativen Einschätzung der Schrift bzw. Schreibleistung von Ertan, der beim Abschreiben nicht nur Buchstaben ausläßt, andere hinzufügt, keine Wortabstände einhält, willkürlich trennt . . ., sondern darüber hinaus für einen einzigen Satz eine ganze DIN-A-4-Seite benötigt, d. h. noch sehr groß schreibt.

Im Vergleich dazu die Schrift bzw. Schreibleistung von Birgit, einem Kind aus sprachlich orientiertem Elternhaus, zur selben Zeit entstanden wie Ertans Text.

Nach einem guten Vierteljahr, zur Weihnachtszeit, schrieb Ertan so:

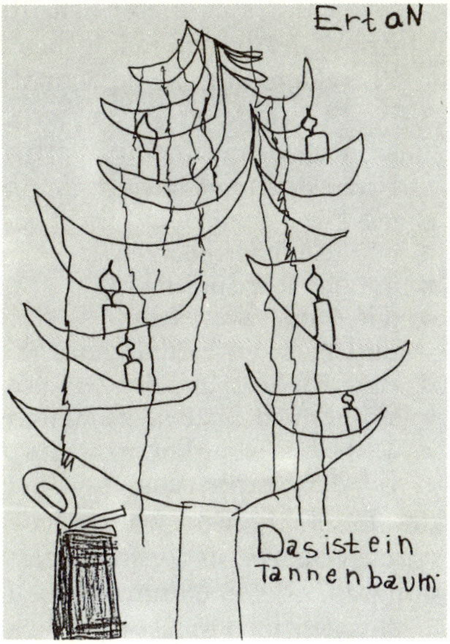

Weihnachtsbäume waren Ertan aus der Türkei her unbekannt. Er liebte sie abgöttisch. Während der Weihnachtswochen nutzte Ertan jede freie Minute zum Zeichnen dieser Weihnachtsbäume. Klar, daß ein solcher Baum auch in das „Weihnachtsbuch" gehörte, das während dieser Zeit von den Kindern erstellt wurde.

Ertans Schreibvermögen hatte sich in den drei Monaten erheblich gewandelt:

- Brauchte Ertan früher für einen Satz eine ganze DIN-A-4-Seite, so verteilt er jetzt Zeichnung und Text in einem ausgewogenen Verhältnis auf dem Blatt. Seine Schrift ist entsprechend kleiner geworden.
- Konnte er zunächst keine Wortabstände einhalten, so stellt dies um die Weihnachtszeit für Ertan kein Problem mehr dar.
- Waren am Anfang für ihn „große" und „kleine" Buchstaben von den Ausmaßen her nicht zu unterscheiden, so differenziert er jetzt deutlich zwischen Groß- und Kleinbuchstaben.
- Die Strichführung bei den einzelnen Buchstaben ist deutlich sicherer und präziser geworden. Das Abschreiben erfolgt jetzt fehlerlos und so leserlich, daß die Lehrerin nicht mehr – wie beim ersten Text – eine deutlich lesbare Version für die anderen Kinder zum Lesen daneben kleben muß.
- Auch bei der Schreibung des eigenen Namens hat Ertan inzwischen bis auf das letzte „N" die „kleinen" Buchstaben integriert.[2]

2 Die von Kindern bei ersten eigenen Schreibversuchen gewählte Schriftart ist übrigens regelmäßig die Druckschrift mit ausschließlich Großbuchstaben. Vgl.: Liedel, 1977.

Wie kam es zu dieser Schriftentwicklung bei Ertan?

Ertan absolvierte keine speziellen Schwungübungen.

Er bekam auch keine Schreibförderstunden.

Noch mußte er einen besonderen Schreibvorkurs zum Training einzelner Formelemente abarbeiten.

Ertan durfte sehr viel schreiben

- mit Filz-, Bunt- und Bleistiften,
- mit dem Stempelkasten,
- mit der Schreibmaschine,
- mit Zeitungsbuchstaben,

und zwar zu vielfältigen Inhalten

- eigene Wörter und Sätze zu gemalten Bildern, zu Fotos, zu Erlebnissen
- Wörter und Sätze im Zusammenhang mit der Fibelarbeit
- Mitteilungen an Eltern, Wünsche, Tagespläne . . .

Bei der Erarbeitung von Buchstaben-Laut-Beziehungen im Rahmen des Leselehrganges wurde jede Buchstabenform auf vielfältige, plastisch erfahrbare Weise hergestellt sowie der jeweilige Schreibbewegungsablauf gemeinsam erarbeitet.

Bei den in der Klasse üblichen Kreisgesprächen über die Schreibprodukte der Kinder waren Schrift und Schriftentwicklung ein immer wiederkehrender Gesprächspunkt zwischen den Kindern. Hierbei erhielt Ertan viele direkte und indirekte Hinweise von seinen Mitschülern.

Darüber hinaus stellte die Lehrerin von Zeit zu Zeit gezielt Fragen, die Ertan als Schreibanregungen aufgreifen konnte.

„Ertan, magst du versuchen, etwas kleiner zu schreiben? Dann nimm bitte deine dünnen Filzstifte dafür."

Ertan mochte und bemühte sich erfolgreich um eine kleine Schrift.

„Vielleicht helfen dir Linien, dich auf dem Bogen besser zurechtzufinden und die Buchstaben kleiner zu schreiben. Magst du ein liniertes Blatt?" Ertan mochte nicht und fand auch ohne Linien einen kleineren Schreibstil. Später, als die ersten Hefte mit Linien verteilt wurden (und sehr begehrt waren), griff Ertan ebenfalls zu diesen Heften und gewöhnte sich daran, in Linien zu schreiben.[3]

Auch, wenn das Erlernen der Druckschrift den Kindern im allgemeinen recht mühelos gelingt, gibt es doch auch dabei einige Buchstaben, die es „in sich haben".

3 Die Kinder zunächst auch ohne Linien schreiben zu lassen, entspricht im übrigen guter alter Pädagogentradition. Vgl. zum Beispiel Bernhard Bosch, 1932, S. 145: „Ich vermied es, das erste Schreibbemühen der Kinder in das Prokustesbett eines Liniensystems zu spannen."

Dazu einige Hinweise:

- Häufig ist für Kinder der Unterschied zwischen dem „h“ und dem „n“ nicht leicht zu erfassen bzw. abzubilden. Die Oberlänge des „h“ verschwindet schnell und taucht dann plötzlich beim „n“(h) auf.
  Hier helfen „Eselsbrücken“ manchen Kindern, sich die genauen Größenverhältnisse zu merken.
  In einer Klasse half dieser Spruch:
  „Das kleine ‚h‘, das hört man schwer, darum muß eine Stütze her.“
  und
  „Das ‚n‘ ist klein, laß es so sein.“
- Um das kleine „l“ und das große „I“ für die Kinder unterscheidbar zu machen, wurde darauf geachtet, daß das „l“ stets mit einem Haken geschrieben wurde, also: l.
- Um das kleine „a“ deutlich vom „d“ abzuheben, wurde in manchen Klassen das kleine „a“ mit einem Haken versehen, also: a, das „d“ ohne Haken mit langem „Hals“ d geschrieben. Wieder andere Klassen verwendeten entsprechend ihrem Lehrgang das geschwungene „a“: a.
  In jedem Fall ist es notwendig, daß die Kinder denselben Buchstaben auch in unterschiedlichen typographischen Varianten kennenlernen.
- Manche Klassen hingen zur Vorbereitung auf die Schreibschrift überall, wo es sinnvoll war, Haken an die Buchstaben, also: a, d, h, i, k ...
- Über Seitenvertauschungen bei bestimmten Buchstaben sollte man zunächst nicht überrascht oder gar erschrocken sein; sie entsprechen dem Denken von Kindern dieses Alters. Ob ein Stuhl mit einer Lehne nach vorn steht (ᖷ) oder aber mit der Lehne nach hinten (h), war bisher unerheblich, es blieb ein Stuhl. Nicht so bei unseren Schriftzeichen. Ihre bisher für Gegenstände gültige Erfahrung müssen Kinder beim Schrifterwerb erst in dem Sinne zu relativieren lernen, daß es bei Buchstaben sehr wohl auf „vorne“, „hinten“, „oben“ und „unten“ ankommt.[4]
  Auch der Erwerb dieser Einsicht braucht Zeit. Unterstützend wirken auch hier manchmal „dumme Sprüche“. Bei Verdrehungen von „b“ und „d“ hilft es manchen Kindern, die Assoziation zum Bauch zu bilden und die Rundung beim „b“ besonders „dick“ zu schreiben, also: b im Vergleich zum d.
  Spruch: „Das ‚b‘ hat *vorne* einen Bauch, der ist sehr dick, das sieht man auch.“
- Das Berücksichtigen von Wortabständen fällt vielen Kindern leichter, wenn sie zunächst für jedes Wort eine andere Farbe benutzen.

Was die Vorgaben zu Schreibbewegungsabläufen bei den Druckbuchstaben in manchen Rahmenplänen angeht, ist es mir abschließend wichtig, Lehrer und Lehrerinnen zu ermutigen, den Schreibvorschlägen der Kinder mit Neugier und Aufgeschlossenheit zu begegnen sowie gegebenenfalls alternative Schreibweisen der Kinder zu akzeptieren.

4 Hans Brügelmann, 1983, S. 48 ff u. Temple u. a. 1982, S. 27 ff.

Nicht nur gibt es, wie John Holt überzeugend darlegt, sehr viele verschiedene Weisen, einen Buchstaben, ein Wort schreibökonomisch sinnvoll und leserlich zu Papier zu bringen. Manche kindlichen Schreibweisen haben darüber hinaus den Vorteil, daß sie dem individuellen Schreibrhythmus dieses Kindes viel eher entsprechen oder aber eine direkte Brücke zum Übergang zur Schreibschrift darstellen.[5]

Schreiben zum Beispiel einige Kinder das kleine „b“ von oben nach unten in einem Zug, ähnlich wie bei der sechs, so ist es zumindest eine Überlegung wert, ob dieser Bewegungsablauf beibehalten werden sollte, da er eine direkte Überführung in die Schreibschrift ermöglicht b→b→b.

Auch die bayerischen Erfahrungen mit dem Druckschriftbeginn weisen in diese Richtung.[6]

Der Druckschriftbeginn und seine angeblichen Folgen

Immer noch geistert sie in den Köpfen vieler Lehrer/-innen umher und beunruhigt auch diejenigen unter ihnen, die sich aus sachlicher Überzeugung für den Druckschriftbeginn entschieden haben:

Die Angst vor den angeblich „bösen Folgen“ des Schreibbeginns mit der Druckschrift.

Dabei gibt es hier – so sprechen alle empirischen Untersuchungen, Erfahrungsberichte, Schreibfluß- und Schriftanalysen – weder „schlimme Folgen“, noch ein „böses Erwachen“, sondern grundsätzlich nur *Vorteile*.

Die Hartnäckigkeit, mit der sich auf diesem Gebiet Vorurteile halten und weiterhin Ängste auslösen, scheint mir nicht in der Natur der Sache, sondern in der ideologischen Überfrachtung dieses Problemkreises zu liegen.

5 John Holt, 1975, S. 137 ff, Lockowandt/Honegger, 1981.

6 Elke Bosch u. a., 1984, führen in ihrer Erhebung zum Druckschriftbeginn in Bayern aus, daß aufgrund der gemachten Erfahrungen dem „Lehrer, bzw. dem Schüler Wahlmöglichkeiten offenbleiben“ sollten bzw. daß die vorgegebenen Bewegungsabläufe zwar als „hilfreich“, aber nicht als „Vorschrift“ akzeptiert wurden.

Ähnlich wie die Lesedidaktik im deutschsprachigen Raum jahrzehntelang gekennzeichnet war durch einen dogmatisch geführten Streit um die richtige Methode (ganzheitlich vs. einzelheitlich[1]), so weist die Geschichte der Schreib- und Schriftlehre einen ebenfalls dogmatisch geführten immer wieder aufflammenden Bruderkrieg auf um die Wahl der richtigen Ausgangsschrift.[2]

Im folgenden werde ich daher versuchen, einen Überblick über die – das kann vorweggenommen werden – im Ergebnis grundsätzlich positiven Erkenntnisse aus den Untersuchungen und Erfahrungen zum Druckschriftbeginn zu geben.

Interessant ist dabei zu wissen, daß solche die Vorteile ergebenden Untersuchungen nicht erst in den letzten zehn Jahren durchgeführt wurden, sondern bereits seit den frühen zwanziger Jahren vorliegen.[3]

Meine Darstellung der Auswirkungen des Schreibbeginns mit der Druckschrift konzentriert sich vor allem auf die drei Aspekte, die in der jahrelangen Schriftdiskussion immer wieder eine zentrale Rolle gespielt haben:

- schriftentwicklungsspezifische Aspekte,
- lernspezifische Aspekte,
- motivationale, kommunikative Aspekte

Schriftentwicklungsspezifische Aspekte

Heftigster Kritikpunkt an der Druckschrift als Erstschrift ist seit Jahren der Vorwurf, daß diese Art Schreibunterricht angeblich zwangsläufig zum „Schreibstottern“ führe. Die Kinder entwickelten keine flüssige, unverkrampfte Schreibweise, sondern würden entweder eher abmalen statt flüssig zu schreiben oder aber durch zu großen Druck zum häufigen Stocken verleitet werden (Lämmel 1960, Glöckel 1967, Gramm 1971).

1 Vgl. Meiers, K.: Entdogmatisierung des Leseunterrichts, 1974.

2 Historisch interessierte Leser finden einen guten Überblick über die Geschichte der Schrift- und Schreiblehre in: Neuhaus-Siemon, E., 1981.

3 Blickt man im übrigen einmal über den Zaun des eigenen Landes in die europäischen Nachbarstaaten oder in den amerikanischen Raum, so fällt auch hier die breite Akzeptanz des Druckschriftbeginns ins Auge. Vgl.: Ullrich, Hans 1980, S. 231.

4 Vgl. die entsprechenden Passagen bei Schorch, G. 1983, S. 103.

Für diese und ähnliche Behauptungen gibt es keinerlei empirische Belege[4], wohl aber für den Nachweis des Gegenteils.

Bereits 1966 veröffentlichten Weinert, Simons und Essing ihre empirische Untersuchung an 672 Schülern des 1. bis 4. Schuljahres aus 112 Klassen mit Ergebnissen zum Einfluß verschiedener methodischer Alternativen des Schreibbeginns auf die späteren Schreibleistungen der Kinder. Die vorhergesagten ungünstigen Einflüsse des Druckschriftbeginns auf die Schreibschriftentwicklung ließen sich nicht nachweisen, sondern vielmehr positive Auswirkungen, so daß die Autoren für den methodischen Weg: „zunächst Druckschrift – später Schreibschrift" plädieren.[5]

Seit dieser Untersuchung haben zahlreiche Erhebungen und Erfahrungsberichte ebenfalls die positiven Einflüsse des Druckschriftbeginns auf die Entwicklung der Schreibschrift hervorgehoben (Menzel 1975, Liedel 1977, Wachtendorf 1980, Ullrich 1980, Blumenstock 1982, Schorch 1983, Bosch 1984, Spitta 1986).

Als besondere Vorteile unter dem Aspekt der Schriftentwicklung werden dabei folgende Zusammenhänge herausgestellt:

- das frühzeitige Schreiben mit Druckschrift stellt eine besonders sachangemessene Vorschulung der Feinmotorik zur Vorbereitung auf die Schreibschrift dar (Vgl. z. B.: Schorch, 1983),
- das frühzeitige Schreiben der Druckschrift begünstigt den Erwerb von Rechtschreibsicherheit (Vgl. z. B. Bosch u. a. 1984).

Lernspezifische Aspekte

Unter lernspezifischem Blickwinkel zeigen *alle* diesbezüglichen Untersuchungen, daß sich der Schreibbeginn mit der Druckschrift als *besonders* lernfördernd auswirkt.

- Die Druckschrift ist für die Kinder leichter erlernbar, weil
  - die Buchstabenformen einfacher, klarer und prägnanter zu erfassen sind und die deutliche Gegliedertheit des Schriftbildes die Wahrnehmung insgesamt erleichtert (z. B. Meis 1963, Diener 1980),
  - die Formen für Kinder leichter erlernbar und produzierbar sind (z. B. Bosch 1932, Schorch 1983),

5 Weinert, F., Simons, H., Essing, W. 1966, S. 145 ff.

- das Druckschriftschreiben die Leseleistung und den Behalteneffekt wesentlich unterstützen (z. B. Linder 1920, Ruschel 1926, Bosch 1932, Daumenlang 1972),
- die Druckschrift direkter an die originäre eigenständige kindliche Schreibpraxis, die diesem Alter entspricht, anknüpft. Schulanfänger wählen für spontane Schreibversuche regelmäßig die Steinschrift (Druck-Großbuchstaben), so daß die behutsame Überführung in die Gemischt-Antiqua der Zone der nächsten Entwicklung (Wygotsky) entspricht (z. B. Liedel 1978, Brügelmann 1984, 1985),
- das Kind frühzeitig und relativ *selbständig* kleine Texte produzieren kann, die seine Erfahrungen widerspiegeln, was es als Erfolg erlebt, wodurch auch leistungsschwächere Kinder motiviert werden (Vgl. z. B. Bosch 1984, Spitta 1985).

Motivationale, kommunikative Aspekte

Der Beginn mit der Druckschrift schafft die Bedingungen dafür, daß
- das Kind Schreiben von Anfang an im kommunikativen Zusammenhang erfahren kann, daß (sein) „Geschriebenes" wieder gelesen und Auslöser für Handlungen werden kann. Diese Erfahrung stützt und stabilisiert die Schreibmotivation (Vgl. z. B. Brügelmann 1984, 1985, Spitta 1985),
- das Kind energieökonomisch lernen kann, dadurch daß es nicht durch die Schwierigkeiten des Schreibschriftvollzuges bzw. durch relativ formale Schwungübungen davon abgehalten wird, rasch ein Verständnis für die Schreibhandlung zu erwerben, sondern mit relativ geringem Aufwand eigene Schreibhandlungen auszuführen lernt (Menzel 1975, Bosch 1984, Spitta 1985),
- das Kind auch in anderen Lernbereichen vor allem in der Sachkunde frühzeitig seine erworbenen Schreibfähigkeiten anwenden kann, dies als Erfolg erlebt und seine Schreibmotivation gestärkt wird (vgl. Bosch 1984, Spitta 1985).

Eingedenk der hier aufgeführten Erkenntnisse über die festgestellten Auswirkungen eines Schreibbeginns mit der Druckschrift, kann man sich wohl schwer der Erkenntnis verschließen, daß die Druckschrift als Erstschrift für sehr viele Kinder günstigere Lernmöglichkeiten eröffnet als der Beginn mit der Schreibschrift.

Die Frage nach der sinnvolleren Schreibschrift ist längst entschieden

Berücksichtigt man einmal ausschließlich die empirischen Befunde über die VA (Vereinfachte Ausgangsschrift)[1] sowie die sachstrukturellen Analysen zur LA (Lateinische Ausgangsschrift) im Vergleich mit der VA[2], so gibt es kein sachlich begründetes Argument für die Beibehaltung der Lateinischen Ausgangsschrift in der Grundschule. Die Gründe für die in Teilen der Bundesrepublik noch immer bestehende Verpflichtung zur Benutzung der LA in der Grundschule sind hauptsächlich politisch-bürokratischer Natur.

Um ein besseres Verständnis dieses Problemzusammenhanges zu ermöglichen, werde ich im folgenden

- zunächst die Entstehung der Lateinischen Ausgangsschrift (LA) darlegen,
- anschließend die Kritik an der LA begründen
- sowie die Vorzüge der Vereinfachten Ausgangsschrift (VA) im Vergleich zur LA belegen.[3]

Die Lateinische Ausgangschrift wurde 1953 vom „Iserlohner Schreibkreis" entwickelt. Sie entstand aus dem Bemühen, dem allgemein beobachteten Schriftzerfall bei den Schülern entgegenzuwirken.[4] Die schlechten Schülerschriften wurden vor allem auf den Duktus der „Deutschen Normalschrift" (1941 – 1953) zurückgeführt. In der neuen Schriftvorlage, der LA, stand als Grundform nicht mehr der *Kreis*, sondern das *Oval* im Mittelpunkt. Ferner wies sie kürzere Deckstriche und straffere Verbindungen auf. Der Begriff „Ausgangsschrift" signalisierte, daß es sich nicht um eine strenge Vorschrift handelte, sondern um eine Ausgangsbasis für eine zukünftige flüssige, persönliche Handschrift. Die LA wurde 1954 von der Kultusministerkonferenz der Länder als „verbindliche Richtform" für die einzelnen Bundesländer eingeführt. Bayern stimmte diesem Beschluß erst 1966 zu. Metho-

1 Grünewald, Heinrich: Empirische Befunde über die Vereinfachte Ausgangsschrift, in: Die Grundschule, Heft 2, 1981, S. 80 - 81.

2 Krichbaum, Gabriele, 1985, S. 12 ff.

3 Ich stütze mich dabei vor allem auf die Arbeiten der Arbeitsgemeinschaft Schreiberziehung des Arbeitskreises Grundschule e. V., insbesondere auf die Schriften H. Grünewalds sowie auf Erfahrungsberichte aus Schulen, insbesondere auf den von Gabriele Krichbaum, Schulrätin in Köln: Wie Kinder Schreiben lernen – Ein Plädoyer für die Vereinfachte Ausgangsschrift, Heinsberg 1985.

disch standen das „rhythmische Schwingen“ und die Bewegungsfolge vom „Groß- zum Kleinschwung“ im Vordergrund.

1970 veröffentlichte Heinrich Grünewald seine empirischen Untersuchungen über die Bewegungsstruktur der Lateinischen Ausgangsschrift im Vergleich zum schreibmotorischen Verhalten der Schüler.[5]

Die Ergebnisse machten wesentliche, den Schreibfluß hemmende Mängel dieser Schrift deutlich:

- Buchstabenstruktur und Bewegungsstruktur verlaufen „asynchron“; d. h. immer dann, wenn ein Buchstabe zu Ende ist, muß die Schreibbewegung von der Schriftstruktur her trotzdem weitergeführt werden. Die Haltestellen (oder Nullpunkte) beim Schreiben eines Wortes befinden sich in der Regel nicht am Ende, sondern innerhalb der Buchstaben.
- Die LA ist durch einen häufigen „Drehrichtungswechsel“ charakterisiert, der der angestrebten flüssigen Schreibbewegung im Wege steht; d. h. der häufige Wechsel von einer Rechts- in eine Linksdrehung führt automatisch zu einer Verlangsamung der Schrift.

Fazit:

- Durch die asynchrone Struktur der LA werden beim flüssigen Schreiben Verformungen geradezu herausgefordert.
- Die fehlende Übereinstimmung zwischen Wortstruktur und Schreibbewegung verwischt für Kinder die Zusammenhänge zwischen „Lautung und Schreibung“.

Auf der Grundlage der empirischen Befunde Grünewalds sowie weiterführender Überlegungen wurde innerhalb der „Arbeitsgemeinschaft Schreiberziehung“ in den folgenden Jahren die *Vereinfachte Ausgangsschrift* entwickelt und 1973 vorgestellt.

Die neue Schrift sollte

- durch eine Verminderung der Drehrichtungswechsel
- durch Verwendung von Luftsprüngen statt der Deckstriche
- durch klare Grundformen sowie Aufnahme von an der Druckschrift orientierten Großbuchstabenformen
- und durch Struktursynchronität (die Schreibbewegung hat ihren Nullpunkt jeweils am Ende eines Buchstabens)

gekennzeichnet sein.

Darüber hinaus orientierte sich die neue Schrift an den Buchstabenveränderungen, die viele Schreiber auf dem Weg zu einer persönlichen Handschrift ohnehin vornehmen. Denn es habe, so die Überlegungen Grünewalds, doch keinen Sinn, zuerst mit Mühe Bewegungsbahnen einzuschleifen, von denen man im voraus weiß, daß sie später von der Mehrzahl der Schreiber wieder aufgegeben werden.[6]

4 Zur Schriftentwicklung vor 1953, siehe: Neuhaus-Siemon, 1981.

5 Grünewald, Heinrich, 1970, 1981^2.

6 Siehe Grünewald, Heinrich, 1970, S. 66 ff.

Gegenüber der LA hat die VA entscheidende empirisch nachgewiesene Vorteile[7]:

- die VA ist *leicht* erlernbar, da Buchstabenstruktur und Bewegungsverlauf *deckungsgleich* sind.
- Die VA ist *bewegungsgünstig*, da unnötige An- und Deckstriche sowie Drehrichtungswechsel entfallen und alle Buchstaben mit dem gleichen Verbindungsstrich miteinander verbunden werden.
- Die VA hat eine deutliche *Formklarheit* (z. B. durch Angleichung der Großbuchstaben an die Urform der Druckbuchstaben) und kann dadurch von Lernanfängern leichter aufgefaßt und schneller automatisiert werden.
- Günstige Bewegungsstruktur und Formklarheit wirken späteren Verfallserscheinungen entgegen.
- Rechtschreibleistungen werden aufgrund der durch die klare Binnenstruktur erleichterten visuellen und auditiven Durchgliederung verbessert.

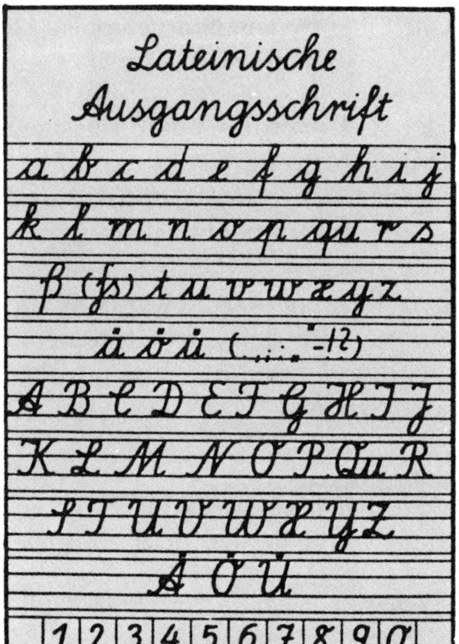

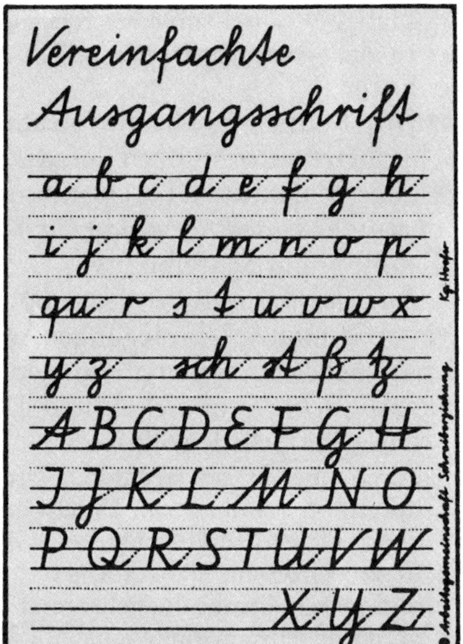

Zwei von Gabriele Krichbaum zusammengestellte Vergleiche von Wörtern in LA und VA sollen die beschriebenen Vorzüge der VA beispielhaft verdeutlichen[8]:

Der Vergleich des Wortes „Hände“ zeigt deutlich die Struktursynchronität zwischen der Buchstaben-/Lautebene und der Schreibbewegung bei der VA.

7 Empirische Untersuchungen und Schulversuche wurden u. a. durchgeführt von Grüner, D., 1976, Grünewald, H., 1981, Wolf, F., 1981, Stude, M., 1981.

8 Weitere detaillierte Vergleiche siehe Krichbaum, Gabriele, 1985, S. 14 ff.

Die Zerlegung der Schreibbewegung bei der LA belegt eindeutig die Abweichungen der einzelnen Schreibbewegungsphasen von der Lautbuchstabenstruktur des Wortes.

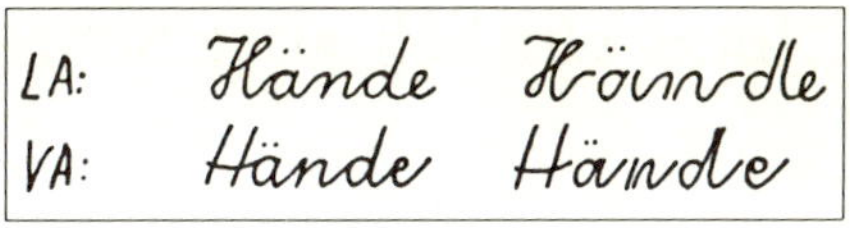

Die tabellarische Gegenüberstellung von Schrift-, Laut- und Bewegungsstruktur am Beispiel des Wörtchens „mein" verdeutlicht erneut die Synchronität zwischen Schriftbild, Lautstruktur und Schreibbewegungsablauf bei der VA im Gegensatz zur LA.[10]

— Struktur	LA	VA
Schrift-	mein	mein
Laut-	m ei n	m ei n
Bewegungs-		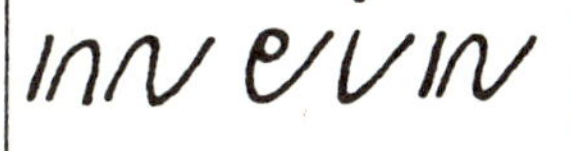

Ließe man nur die Sachargumente gelten, stünde einer allgemeinen Einführung der VA nichts im Wege. Die Schulrealität sieht diesbezüglich allerdings von Bundesland zu Bundesland sehr unterschiedlich aus.

Offiziell gilt immer noch der Kultusministerkonferenzbeschluß von 1953, der die Lateinische Ausgangsschrift verbindlich vorschreibt.

Längst sind jedoch einzelne Bundesländer ausgeschert und stellen dem Lehrer die Entscheidung anheim, mit welcher Schreibschrift die Schulanfänger in die Kunst des verbundenen Schreibens eingeführt werden, so in Hessen und Nordrhein-Westfalen. In Hamburg, Bremen, Berlin, Rheinland-Pfalz, Schleswig-Holstein und Niedersachsen kann die VA auf besonderen Antrag als Schreibschrift gewählt bzw. genehmigt werden.

Allerdings wird die Praxis und damit auch die Häufigkeit der Genehmigung in den einzelnen Bundesländern unterschiedlich freizügig gehandhabt. Lediglich im Saarland sowie in Baden-Württemberg und Bayern besteht für die Grundschule bislang keine Möglichkeit, die VA zu wählen.

Nach vorsichtigen Schätzungen erlernt zur Zeit ca. ein Drittel der Kinder in der Bundesrepublik das Schreiben einer verbundenen Schrift in VA.[11]

9 Krichbaum, Gabriele, 1985, S. 14.

10 ebenda, S. 67.

11 Persönliche Auskunft von Heinrich Grünewald auf der Tagung der Deutschen Gesellschaft für Lesen und Schreiben im Nov. 85 in Würzburg, gestützt auf Absatzzahlen der Pelikan AG Hannover.

„Jetzt will ich aber Schreibschrift schreiben!"

„Jetzt will ich aber Schreibschrift schreiben!" – „Guck mal, meinen Namen kann ich schon in Schreibschrift." – „Kriegen wir jetzt auch Schreibschrift?" – so oder ähnlich äußern sich im Mai plötzlich mehrere Kinder einer ersten Klasse. In manchen Klassen taucht dieser Schreibschriftwunsch schon um die Osterzeit herum auf, in anderen erst gegen Ende des ersten Schuljahres oder noch später. Was ist passiert? Was hat zu diesem Wunsch geführt?

Betrachtet man das „Schreibverhalten" der Kinder einmal unter entwicklungspsychologischen Aspekten, wie es im angelsächsischen Sprachraum üblich ist[1], so kennzeichnen solche Fragen den Beginn eines qualitativ neuen Umgangs mit Schrift und Schriftsprache.

Als die Erstklässler zum Schulanfang, wie in den vorigen Kapiteln beschrieben, ihre je spezifischen Erfahrungen im Gebrauch der Druckschrift machten, waren sie zunächst einmal vollauf damit beschäftigt, mit den Elementen unserer Schrift-Sprache experimentierend, die Geheimnisse ihres Funktionierens zu enträtseln.

Wichtig war in dieser Phase für die meisten Kinder, überhaupt etwas von dem auf das Papier zu bringen, das sie schreiben wollten und das gelesen werden konnte. Dies geschah zu Beginn mit großer Hingabe und großem Druck (Nachdruck) bei jedem einzelnen Buchstaben. Jeder Buchstabe, jedes Wort, gar ein ganzer Satz – war ein Ereignis. Auch Verbesserungen wurden mit großer Intensität ausgeführt – mit Eifer mehrfach durchgestrichen oder mit aller Kraft ausradiert (bis zum Loch im Papier).

Gegen Ende des ersten Schuljahres befinden sich viele Kinder in einem anderen Stadium ihrer Schreibentwicklung. Die elementaren Geheimnisse des „Verschriftens" und (Wieder)-Lesens sind häufig so weit gelöst, daß das Kind auf erste vertraute Strategien zurückgreifen kann, um seine Schreib-Lese-Absichten zu verwirklichen. Über das Zeichenrepertoire der Druckschrift verfügen die meisten Kinder inzwischen ganz selbstverständlich. Auch der Lehrer/die Lehrerin hat jetzt von vielen Kindern den Eindruck: „Das klappt alles schon ganz prima."

Und genau während dieser „Phase der Entspannung" innerhalb des elementaren Schreib-Lese-Prozesses mit der Druckschrift richten die

1 Donald H. Graves, 1983, S. 171 ff.
Charles A. Temple, Ruth G. Nathan, Nancy A. Burris, 1982, S. 27 ff.

Kinder ihre Sinne auf weitere, diesmal eher ästhetische, formale Aspekte des Schreibens.

Die zunehmende Souveränität ihres Umgangs mit der Schrift hat sie freier dafür gemacht, ihre eigenen Schreibprodukte sowie die der anderen vom Äußeren her kritisch zu würdigen. Dies drückt sich unter anderem in einer Zunahme der Bewußtheit darüber aus, wie man selber schreibt und nach welchen Konventionen andere – vor allem ältere Kinder und Erwachsene schreiben.

Und genau während dieser Phase der zunehmenden Wahrnehmung von formalen Schreibkonventionen tauchen die oben zitierten Wünsche nach dem Erlernen der Schreibschrift auf.

Selbstverständlich entsteht dieser „Schreibschriftwunsch" in unterschiedlichen Klassen zu verschiedenen Zeitpunkten. Gleiches gilt auch für die einzelnen Kinder innerhalb einer Klasse: Je nach Vorerfahrung und Vertrautheit im Umgang mit der Schrift wird der Schreibschriftwunsch früher oder später geäußert, wobei die ersten Kinderfragen nach der Schreibschrift häufig Signalwirkung für eine ganze Gruppe von anderen Kindern haben. Abgesehen von den wenigen Kindern, die angeregt durch ältere Geschwister bereits am ersten Schultag mit der Schreibschrift experimentieren[2], kann man – Erfahrung und Forschung auf diesem Gebiet zusammenfassend – feststellen, daß Schulanfänger im Verlauf ihres ersten Schuljahres selbst sehr deutlich zu erkennen geben, wann ungefähr die „produktive Phase" einsetzt, in der der Übergang zu einer verbundenen Schrift ihrem Lernprozeß angemessen ist.

Sich darauf einzulassen, daß die Kinder deutlich zu erkennen geben, wann der „rechte Zeitpunkt" zur Erarbeitung der Schreibschrift gekommen ist, bereitet vielen Lehrern/Lehrerinnen zunächst Unbehagen.

Nicht, daß sie ihren Erstklässlern diese Art von Selbststeuerung des Schreiblernprozesses nicht zutrauten. Auf „ihre Kinder" können sie sich da ganz gut verlassen – so die einhellige Meinung in vielen Seminargesprächen.

Zweifel an dieser Art des Vorgehens entstehen vielmehr durch Unsicherheiten und Ängste, die aus (angeblichen) Festlegungen in Rahmenplänen erwachsen bzw. durch von Eltern ausgeübtem Druck entstehen.

In Diskussionen innerhalb von Lehrerfortbildungsveranstaltungen äußern auch „gestandene" Lehrer/-innen regelmäßig die Befürchtung, daß der jeweilige Lehrplan des Bundeslandes eine so späte Einführung

2 und dies in der Regel ganz schnell wieder aufgeben,

der Schreibschrift „verbiete". Werden daraufhin konkret die betreffenden Aussagen in dem jeweiligen Rahmenplan überprüft, wird erstaunt festgestellt, daß die dort gemachten Vorgaben viel „großzügiger" oder „pädagogischer" sind als gedacht. Dort, wo überhaupt detaillierte Aussagen zu dieser Thematik in den Lehrplänen vorliegen, bewegen sie sich im Rahmen von „gegen Ende des ersten Schuljahres" (Berlin)[3] und „mit Beginn des zweiten Schuljahres" (Bayern)[4], lassen also genügend Handlungsspielraum für eine am Lernprozeß orientierte Festlegung des Zeitpunktes für den Übergang zur Schreibschrift.

Was den Druck angeht, den Eltern in dieser Frage ausüben können, so ist es nützlich, sich zuerst einmal klar zu machen, daß viele Eltern ihre eigenen Schulerfahrungen (unbewußt) auf die Schulsituation ihres Kindes übertragen. Haben sie früher mit der Druckschrift lesen (und vielleicht auch schreiben) gelernt, gibt es keine Probleme. Fand ihr Lese- und Schreibanfang mit der Schreibschrift statt, erwarten sie diese Art von Unterricht auch bei ihren Kindern. Um die Erwartungen der Eltern von vornherein in Richtung auf das gewählte Vorgehen zu lenken, ist es empfehlenswert, die Eltern gleich nach den ersten Schultagen darüber zu informieren, wie und warum in dieser Klasse gerade so und nicht anders gearbeitet wird.

Als besonders hilfreich haben sich dafür in vielen Klassen zwei „Elternbriefe" erwiesen, die anläßlich der ersten Elternversammlung (Brief 1) sowie um Ostern herum (Brief 2) verteilt und erläutert wurden.

Brief 1 faßt Begründungen zur Arbeit mit der Druckschrift in einer für Eltern verständlichen und knappen Form zusammen[5], Brief 2 bezieht sich auf Ausführungen in diesem Kapitel.

3 Vorläufiger Rahmenplan für das Fach Deutsch/Grundschule, Senator für Schulwesen Berlin 1987, Teil Lese- und Schreiberstunterricht.

4 Lehrplan für die Grundschule, Amtsblatt des Bayerischen Staatsministeriums für Unterricht und Kultus, Sondernummer 20, München 1981, S. 560 ff.

5 Siehe Kapitel: Der Druckschriftbeginn . . .

Beispiel:
Elternbrief 1

Schuladresse
Klasse

Datum

Liebe Eltern!

Die ersten aufregenden Schultage sind inzwischen vergangen. Sicher haben die Kinder zu Hause schon einiges von der Arbeit in der Schule erzählt.

Damit Sie genauer wissen, worauf sich die Berichte Ihrer Kinder beziehen, informiere ich Sie von Zeit zu Zeit über einige Grundlagen unserer Arbeit in der Schule.

Heute geht es um Fragen zur Lese- und Schreibschrift.

Ihr Kind lernt das Lesen und das Schreiben zunächst mit der *Druckschrift*.

Die Gründe dafür sind folgende:

- Die Druckschrift ist die in der Umwelt des Kindes am häufigsten vorkommende Schriftart. Ihr Kind kann dadurch von Unterrichtsbeginn an vorschulische und außerschulische Erfahrungen mit dem Lernen in der Schule verknüpfen. Das, was gelernt wird, kann sofort in der Wirklichkeit erprobt werden.
- Der Lese- und Schreibbeginn mit der Druckschrift hat den Vorteil, daß die Kinder sehr früh damit anfangen, erste Wörter und kurze Texte (selbständig) zu schreiben. Lesen und Schreiben kann dadurch sofort als sinnvolle Handlung erprobt und geübt werden.
- Schulanfängern fällt es leichter, die Formen der Druckschrift zu erfassen und zu schreiben. Die Prägnanz der Schriftzeichen und Wortbilder fördert das gliedernde Erfassen der Schrift und begünstigt dadurch von Anfang an das Erlernen der Rechtschreibung.
- Lernt das Kind Lesen und Schreiben mit *einem* Zeichensystem, stützen sich beide Lernprozesse gegenseitig. Das Kind kann die elementaren Grundlagen des Lesens und Schreibens ohne Ablenkung durch ein zweites Alphabet (Schreibschrift) begreifen.
- Dem Kind fällt das Erlernen der gebundenen Schrift (Schreibschrift) zu einem späteren Zeitpunkt leichter, wenn es vorher in Druckschrift Schreiben gelernt und dadurch seine Feinmuskulatur bereits schriftorientiert trainiert hat.

Als Schreibgeräte benutzen wir in den nächsten Wochen Bleistifte, Filzstifte und Wachskreiden. Einen Füller braucht Ihr Kind jetzt noch nicht.

Falls Sie noch Fragen zur Schriftwahl für das erste Lesen und Schreiben haben, so ist auf der Elternversammlung am . . . Zeit für ein Gespräch darüber vorgesehen.

Auf ein gutes 1. Schuljahr!
Ihre . . .

Beispiel:
Elternbrief 2

Schuladresse
Klasse

Datum

Liebe Eltern!

Es ist soweit!

In den nächsten Wochen werden Ihre Kinder die Schreibschrift erlernen.

Außer den üblichen kleinen Hausaufgaben brauchen hierfür zu Hause keine zusätzlichen Übungen durchgeführt zu werden. Alles Notwendige dafür „regeln“ wir schon in der Schule. Wenn es Zeit wird, einen Füller anzuschaffen, gebe ich Ihrem Kind einen Zettel mit nach Hause.

Daß der Übergang zur Schreibschrift erst in den nächsten Wochen nach und nach vollzogen wird, bietet für die Kinder folgende Vorteile:

- Der Lese- und Schreiblernprozeß ist bei fast allen Kindern aus seiner „sensiblen Phase“ heraus. Grundsätzlich klappt das Lesen und Schreiben schon recht gut.
  Die Kinder haben offensichtlich neue Kraft geschöpft und zeigen auch bereits Interesse für das Erlernen der Schreibschrift.
- Durch die intensive Arbeit mit der Druckschrift verfügen die Kinder inzwischen so sicher über die Buchstaben, daß bei Einführung eines zweiten Schriftsystems keine großen Probleme oder Verwirrungen zu erwarten sind.
- Durch die lange Schreibpraxis in Druckschrift ist die Feinmuskulatur der Kinderhände bereits sachgerecht auf die Anforderungen der Schreibschrift vorbereitet.
- Auch sind die Kinder nach der ersten aufregenden Schulzeit inzwischen so stabil und belastbar geworden, daß neue Anforderungen für sie eher reizvoll als verunsichernd sind.
- Falls Sie zum Thema „Schreibschrift“ noch Fragen haben, ist dafür auf der Elternversammlung am . . . Zeit für ein Gespräch darüber vorgesehen.
  Eine schöne Frühlingszeit wünscht Ihnen
  Ihre . . .

„Wie schreibt man (mit der) Schreibschrift?“

Drei Unterrichtsbeispiele

Haben Kinder – wie im vorigen Teil beschrieben – erst einmal den Wunsch geäußert, mit der Schreibschrift schreiben zu wollen, so sind sie in der Regel bereit, sich der damit verbundenen Herausforderung zu stellen, der Herausforderung, zu entdecken und zu erproben, wie man mit einer verbundenen Schrift schreibt. Auch die Frage nach dem „Wie des Schreibens“ kommt meistens von den Kindern selbst: „Du, wie geht denn mein Name in Schreibschrift?“

In vielen Klassen hat sich zu diesem Zeitpunkt eine Art „Schreibgespräch“ als besonders förderlich erwiesen. Bei solchem gemeinsamen Nachdenken über Schrift können Kinder durch Vergleichen von Druck- und Schreibschrift sowie schreibendes Erproben unterschiedlicher Schriften die spezifischen Besonderheiten einer „Schreibschrift“ selbst herausfinden.

In allen drei dargestellten Unterrichtsbeispielen war diese Art des Schriftvergleiches wesentlicher Bestandteil der entdeckenden Aneignung der Schreibschrift durch die Kinder.[1]

Darüber hinaus orientierten sich die Lehrer bei der Auswahl der ersten „Schreibschriftwörter“ an den aktuellen Schreibwünschen der Kinder und nicht – wie weithin üblich – an einer scheinbar eindeutigen, hierarchisch gegliederten Schwierigkeitsabfolge nach dem Prinzip „vom leichten zum schweren Buchstaben bzw. zu seinen Verbindungen“.

Da auch den käuflichen, angeblich in dem genannten Sinne systematisch aufgebauten Lehrgängen sämtlichst unterschiedliche Systematiken für die Auswahl der Buchstaben- und Wortfolgen zugrunde liegen, scheint die angestrebte eindeutige Hierarchisierung eher Wunsch und Anspruch als Realität zu sein. Tatsache ist allerdings, daß die in

1 Das Vorgehen, die Kinder die spezifischen Eigenheiten der Schreibschrift selbst entdecken und erproben zu lassen, hat eine lange, im Zusammenhang mit dem Gedanken eines systematischen Lehrganges leider häufig verdrängte, sogar befehdete Tradition in der Schreibdidaktik.
Vgl. zu dieser Tradition: Kuhlmann, F., 1923, Vogt, F., 1922, Brückl, H., 1933, Bosch, B., 1934, heute in einem speziellen Ansatz teilweise bei Lockowandt, Oskar, 1981. Die Gegenposition wird sehr deutlich von Bärmann vertreten. Bärmann, F., 1979, S. 39.

der Regel stark am vorgegebenen Fibelwortschatz orientierte Auswahl der ersten „Schreibschriftwörter“ in den Lehrgängen nicht nur im Gegensatz zu bewegungsphysiologischen Einsichten steht[2], sondern außerdem die kindlichen Schreibschriftwünsche und -bedürfnisse völlig mißachtet. Kindern aber ist es nicht egal, an welchen Wörtern und wie sie schreiben lernen!

Gerade die starke Motivation, die hinter den konkreten Schreibabsichten der Kinder zu spüren ist, sei es der Wunsch, den eigenen Namen zu schreiben, sei es die Anrede „Liebe Mama“, stellt eine unerläßliche Grundlage dar für Schreib- und Schrifterfolg. Geschieht die Aneignung der verbundenen Schrift durch Aufgreifen von kindlichen Schreibwünschen, ist immer wieder zu beobachten, mit welcher Intensität, Liebe und Ausdauer die Kinder (in zum Teil selbst inszenierten) Aufgabenstellungen die schwierigen Bewegungsabläufe üben, wiederholen und noch einmal üben. Sie wollen ihre Wörter ja richtig und schön schreiben. Und ohne dieses Wollen geht es nicht.

Die folgenden drei Unterrichtsbeispiele dokumentieren jeweils verschiedene Ausgangssituationen und Schwerpunktsetzungen für die Erarbeitung der Schreibschrift, so wie es von der Lernsituation in der jeweiligen Klasse her sinnvoll war. Im ersten Beispiel wird auf die Phase des Vergleichs – Druckschrift/Schreibschrift – besonderes Gewicht gelegt. Im Bericht aus der nächsten Klasse wird der Zusammenhang besonders deutlich, wie ein aktuelles Vorhaben Auslöser für den Wunsch nach Schreibschrift werden kann und wie dieser Wunsch realisiert wird. Im dritten Beispiel steht die Arbeit mit Lieblingswörtern, die als Schreibschriftbilder gestaltet werden, im Vordergrund.

Beispiel A

Frau M. hat mit der Zusammensetzung ihrer Klasse Glück gehabt, wie sie sagt: viele interessierte Eltern und sehr wache Kinder. Schwierigkeiten hat es bisher nur mit den Putzfrauen und dem Hausmeister gegeben, weil der Klassenraum nicht so wie die anderen eingerichtet ist. Ein Aquarium mit Fischen, die die Kinder selbst versorgen, eine

2 Oskar Lockowandt weist in seinem Plädoyer für einen kreativen Erstschreibunterricht eindringlich auf die in der Sache der Linguistik und der der Bewegungsphysiologie liegenden Gegensätze hin, was die Reihenfolge der günstigsten Buchstabenfolge angeht und begründet, daß es hierfür „einen ein für allemal feststehenden Unterrichtsgang in dieser Hinsicht nicht geben“ kann.
Lockowandt, Oskar, 1981, S. 102.

„Museumsecke", in der mitgebrachte Fundstücke – wie alte Steine, alte Uhren, Muscheln ... – ausgestellt werden, sowie eine Schreib- und Leseecke mit Lesematratzen, Schreibmaschinen und Druckerei lassen den Raum nie so ganz aufgeräumt erscheinen.

Seit einiger Zeit – seit dem Blumenstrauß für die Putzfrauen – hat sich die Lage allerdings merklich entspannt.

Die Kinder arbeiten selbständig und sind es gewohnt, ihre kleinen Hausaufgaben als „Erkundungsaufträge für Spürnasen" zu bekommen, wobei die Eltern sich bereitwillig in die „Aufträge" einbeziehen lassen.

Frau M. hat wirklich Glück gehabt ...

Entsprechend gut klappte die Eltern-Schule-Zusammenarbeit auch diesmal bei der Enträtselung der Geheimnisse um die Schreibschrift der Erwachsenen.

Zu der Zeit, es war ein paar Wochen vor Schuljahresende, hatten einige Kinder erzählt, daß sie öfter probieren, so zu schreiben wie die Erwachsenen bzw. wie Kinder im zweiten und dritten Schuljahr. Auch hatten plötzlich die Schreibschrift-Lesebücher in der Klassenbibliothek verstärkt Zuspruch gefunden. Darüber hinaus versammelten sich immer häufiger mal Kinder vor der seit einigen Wochen ohne Kommentar neben das Druckschriftplakat gehängten Schreibschriftbuchstabentabelle und „fachsimpelten" darüber, welchen Buchstaben sie warum schon kennen würden. Offensichtlich war die Zeit „reif" für die Einbeziehung der Schreibschrift.

Entsprechend den Arbeitsgewohnheiten der Klasse begann Frau M. eines Morgens mit den Kindern ein Gespräch darüber, was die Kinder an der Schrift der Erwachsenen so fasziniere.

„Was gefällt euch denn so daran, wie die Erwachsenen schreiben, daß ihr das unbedingt lernen wollt?"

Die Antworten der Kinder zeigten, daß sie ein wesentliches Kriterium einer verbundenen Schrift – die Flüssigkeit und Geschwindigkeit der Bewegung – bereits deutlich erfaßt hatten.

„Das sieht immer so toll aus, wenn die schreiben, so hintereinanderweg."

„Das geht so schnell, wenn die schreiben."

„Na, dann werden wir jetzt mal die Schrift der Erwachsenen genauer unter die Lupe nehmen, damit ihr bald auch so ‚hintereinanderweg' und ‚schnell' schreiben könnt. Als berühmte Spürnasen bekommt ihr heute für zu Hause einen ganz wichtigen Auftrag. Ihr sollt Schriften sammeln!"

Diese Art der Aufgabenstellung, die der Sammel- und Detektivleidenschaft vieler Kinder dieses Alters sehr entgegenkommt, war in der

Klasse ein bekanntes und sehr beliebtes Verfahren, Hausaufgaben zu erledigen.

„Jeder von euch bekommt für zu Hause zwei Sammelbogen. Der erste ist zum Sammeln von Unterschriften von Erwachsenen, die ihr gut kennt, also Eltern, Omas . . .“

„Ja, auch ältere Geschwister dürfen unterschreiben. Vier Unterschriften muß jeder wenigstens gesammelt haben. Am besten ihr schreibt in Druckschrift daneben, von wem die Unterschrift stammt. Mal seh'n, wie die Erwachsenen so schreiben.“

„So, dann seht euch den zweiten Sammelbogen mal selbst an und findet heraus, was ihr da sammeln sollt.“

„Richtig. Die Erwachsenen sollen dort noch einen Satz hinschreiben – in Schreibschrift natürlich. Und zwar das, was sie gern essen, zum Beispiel ‚Ich esse gern Bananen.‘ Ihr tragt dann wieder ein, wer den Satz geschrieben hat.“

Stolz wie die Fahnenträger kamen die Kinder am nächsten Morgen mit ihren Sammelergebnissen in die Schule. Alle hatten tatsächlich einige Erwachsene und ältere Freunde dazu bewegen können, auf ihre Sammelbogen zu schreiben. Schon bevor der Unterricht überhaupt angefangen hatte, standen die Kinder in Gruppen zusammen und verglichen die Schriften.

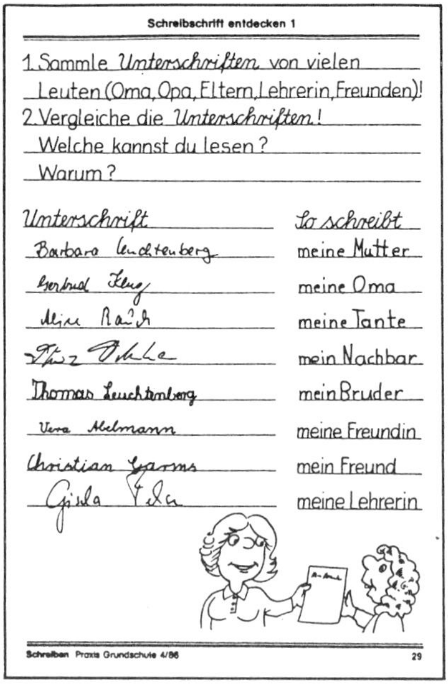
Schreibschrift entdecken 1

1. Sammle Unterschriften von vielen Leuten (Oma, Opa, Eltern, Lehrerin, Freunden)!
2. Vergleiche die Unterschriften! Welche kannst du lesen? Warum?

Unterschrift	So schreibt
Barbara Leuchtenberg	meine Mutter
[illegible]	meine Oma
[illegible]	meine Tante
[illegible]	mein Nachbar
Thomas Leuchtenberg	mein Bruder
Vera Ahlmann	meine Freundin
Christian Garms	mein Freund
Gisela [illegible]	meine Lehrerin

Schreiben Praxis Grundschule 4/86 29

Schreibschrift entdecken 2

1. Bitte deine Eltern, Freunde oder Nachbarn, dir einen Satz auf dieses Blatt zu schreiben!
2. Der Satz soll heißen: Ich esse gern … Das Essen kann sich jeder selbst aussuchen.

Ich esse gern	geschrieben von
Ich esse gern Gemüse	Papa
Ich esse gern eine Suppe	Mama
Ich esse gern Gemüsesüppchen	Oma
Ich esse gerne Eis	meiner Tante
Ich esse gerne Pudding.	meinem Onkel

3. Welchen Satz kannst du gut lesen? Warum? Warum?

Ich esse gerne Eis. Weil ich es gut lesen kann.

30 Schreiben Praxis Grundschule 4/86

Es wurde gezählt („Ich habe zehn Unterschriften, und Du?") und noch mehr gemeckert, ja, gemeckert – über diese unleserlichen Unterschriften der Erwachsenen! Das war ja wirklich ärgerlich, wie die schrieben ..., meinten die Kinder. Nur von älteren Geschwistern konnte man die Unterschriften gut lesen.

Natürlich sind die Unterschriften von Erwachsenen meistens nicht besonders gut zu lesen. Gerade in Unterschriften manifestiert sich häufig ein Stück ganz persönlicher Identität.

Innerhalb des Klassengesprächs allerdings stellte dieses sich als gute Ausgangssituation heraus, um gemeinsam über die Notwendigkeit, leserlich zu schreiben, nachzudenken und entsprechende Vorsätze zu fassen.

Auch die wesentlichen Unterscheidungsmerkmale bzw. Eigenheiten der Schreibschrift wurden von den Kindern in der Auseinandersetzung mit den Schriftproben mühelos benannt.

„Druckschrift ist eckiger und kantiger. ... Die Buchstaben stehen zusammen aneinandergebunden. ... Die Schreibschrift hat mehr Rundes. ... Die Bogen führen immer zum nächsten Buchstaben. ... Die Lücken sind nur zwischen den Wörtern. ... Eigentlich sind die Buchstaben alle ganz ähnlich – nur runder. Ich kann fast alle rauskriegen. ..."

Lediglich auf die Schräglage als Hilfe zum flüssigen Schreiben wies Frau M. hin, wobei die Kinder natürlich feststellten, daß manche Erwachsene aber gar nicht schräg geschrieben hatten.

Unter dem Aspekt der Leserlichkeit wurde anschließend der zweite Sammelbogen ausgewertet, nachdem die Kinder sich bereits über so manche Eßvorlieben der Erwachsenen amüsiert hatten.

Interessanterweise konnten alle Kinder die Sätze der Erwachsenen (auswendig) vorlesen, worauf sie sehr stolz waren („Ich kann schon Schreibschrift lesen!").

Insgesamt stuften die Kinder diese Sätze als deutlich lesbarer ein, waren aber mit den Schreibleistungen der Erwachsenen durchaus nicht zufrieden. Die müßten alle noch mal zur Schule gehen und richtig schreiben lernen, meinten sie.

Inzwischen hatte Frau M. den Satz „Ich esse gern Tomaten." zum Vergleich in lateinischer[3] Ausgangsschrift an die Tafel geschrieben und das Wort „Ich" eingekreist.

„Schaut einmal nach, wie das ‚Ich' bei euch geschrieben ist."

„Also, bei mir kann nur meine Mama ein richtiges ‚Ich' schreiben."

3 In Berlin ist zur Zeit die vereinfachte Ausgangsschrift nur auf besonderen Antrag zugelassen.

„Mein Papa schreibt das große ‚I' einfach wie in Druckschrift, meine Mama macht das richtig."

„Bei mir ist das ‚I' von den meisten auch falsch geschrieben worden und die meisten haben es nicht an das ‚ch' angebunden."

„Das ‚ch' ist bei mir von allen richtig geschrieben worden. Das ‚h' hat ja nur oben die Schleife gekriegt und am Ende den Haken. Aber angebunden haben es die meisten auch nicht."

Und schon waren die Kinder begierig, selbst zu probieren, ob sie denn das Wort ‚Ich' richtig, also in einem Zug, ohne abzusetzen schreiben könnten – besser als die Erwachsenen.

Es wurde mit Kreide an der Tafel geübt – frei oder auf dünn vorgespurten Wörtern, mit dem Radiergummi auf dunkle Tischflächen geschrieben (eine Idee der Kinder), mit dem Finger auf angehauchte Fensterscheiben, mit dicken Wachsmalstiften auf Butterbrotpapier (die Blätter werden als Leuchtbilder an Fensterscheiben geklebt, auch eine Kinderidee) sowie mit Filzern auf unlinierte Bogen.

„Aber bitte darauf achten, daß alle Buchstaben angeleint sind und beim ‚c' einmal den Rückwärtsgang einlegen!"

Da die Kinder gewohnt waren, gleichzeitig an verschiedenen Materialien zu arbeiten, wechselten sie ohne Streit – je nachdem, wo „frei" war – von der Tafel zum Butterbrotpapier oder zum Fenster . . .

„Können wir nicht gleich ‚esse' richtig üben?" meinte nach einer Weile lustvollen Schreibens Simone, die schon zehn Leuchtbilder produziert hatte.

„Dann müssen wir aber erst noch zusammen rauskriegen, wie das geschrieben wird", entschied Frau M.

Das war zunächst kein Problem. Im Halbkreis um die Tafel versammelt, verglichen die Kinder die Druckschrift- mit der Schreibschriftversion.

„Also, das ‚e' wird schräg und uneckig, das ist alles."

„Aber das ‚s' sieht so komisch aus."

Nachdem einige Kinder an der Tafel probiert hatten, aus dem in Druckbuchstaben geschriebenen „esse" durch „Anleinen" ein Schreibschriftwort herzustellen, und die doppelte Krümmung beim „s" als sehr schwierig und komisch zu schreiben, eingestuft hatten, empfanden die Kinder es als große Erleichterung, daß beim Schreibschrift-s die obere Krümmung fehlte.

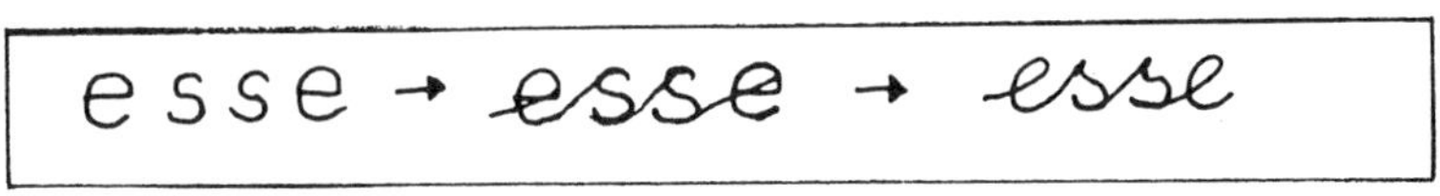

„Manchmal werden Buchstaben“, so Frau M., „für die Schreibschrift etwas verändert, damit man sie besser ‚hintereinanderweg‘ – oder wie die Erwachsenen sagen, flüssiger – schreiben kann.“

Am Ende dieser ersten Schreibschriftstunde war nicht nur der Klassenraum mit vielen leuchtenden Wortbildern verziert, sondern jedes Kind hatte einen Vorzeigebogen für zu Hause mit den ersten bunten Scheibschriftwörtern darauf.

Als Hausaufgabe konnten freiwillig Blätter mit „Ich esse“ beschrieben werden. Wer ganz besonders großen Tatendrang verspürte, sollte die Dinge, die er gerne essen würde, dazukleben (Bilder aus Illustrierten) oder dazumalen.

Der nächste Tag begann mit einer großen „Ich-esse-Ausstellung“. Schön waren sie anzusehen, die Bogen der Kinder, wie sie da an der Tafel klebten. Fast alle Kinder hatten geschrieben und dazu gemalt oder Bilder geklebt. Fischstäbchen, Hühnchen, Pommes und Eis waren die begehrtesten Köstlichkeiten.

Im Auswertungsgespräch wurden allerdings die schönen Buchstaben und Wörter mehr gewürdigt als die Speisen.

Nach einer kurzen Phase des Probeschreibens an der Tafel – „Kann jemand ‚Ich esse‘ schon auswendig schreiben? Oder gar mit geschlossenen Augen (da muß man wirklich verbunden schreiben . . .)?“ – bekamen die Spürnasen einen neuen „Auftrag“, der unbedingt „gelöst“ werden mußte.

An einem Fragebogen zum Thema „Was ißt Du gern?“ sollten sie ihre neuen Fähigkeiten beweisen.

Nicht nur, daß es galt „Ich esse“ zu schreiben, sondern es mußten auch noch die möglichen Gerichte, die in Frage kamen, und die nur in Schreibschrift auf dem Bogen standen, erst einmal in der neuen Schrift erlesen werden – ein echter Fall für Spürnasen.

Das „Ich esse“ trugen die Kinder ganz selbstverständlich in die Spalten ein; das Wort „gern“ wurde dabei von vielen Kindern „nachgespurt“ bzw. gleich mitgeschrieben.

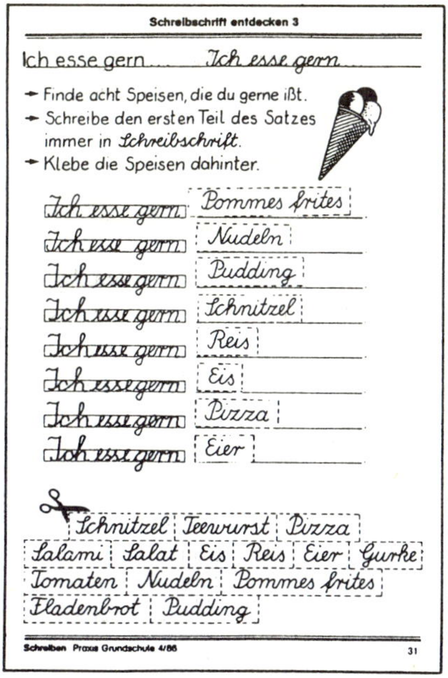
Schreibschrift entdecken 3

Ich esse gern ... Ich esse gern

- Finde acht Speisen, die du gerne ißt.
- Schreibe den ersten Teil des Satzes immer in Schreibschrift.
- Klebe die Speisen dahinter.

Ich esse gern Pommes frites
Ich esse gern Nudeln
Ich esse gern Pudding
Ich esse gern Schnitzel
Ich esse gern Reis
Ich esse gern Eis
Ich esse gern Pizza
Ich esse gern Eier

Schnitzel | Teewurst | Pizza
Salami | Salat | Eis | Reis | Eier | Gurke
Tomaten | Nudeln | Pommes frites
Fladenbrot | Pudding

Schreiben Praxis Grundschule 4/86 31

Das Erlesen der möglichen Leibgerichte allerdings war nicht nur freudig aufregend („Ich kann ja Schreibschrift lesen!“), sondern erforderte „echten Spürnasenscharfsinn“:

„Ach, das ‚𝒢‘ ist ein ‚G‘.“

Ein Vergleich und ein Gespräch mit anderen Kindern vor der Schreibschrifttabelle führte zu dieser Erkenntnis.

„Das heißt ja dann ‚Gurke‘! Ach so . . .“

Das Enträtseln der in Schreibschrift angegebenen Speisen forderte von den Kindern eine intensive Auseinandersetzung mit den Besonderheiten der beiden Schriften. Es gab übrigens keine Essensangabe, die nicht von den Kindern entziffert worden wäre.

In den nächsten Stunden „erfanden, erprobten“ und übten die Kinder mit Hilfe der Schreibschrifttabelle die Schreibschriftversion der Wörter „nicht“ und „auch“.

Als „Spürnasenauftrag“ gab es dazu eine Fragebogenaktion über allgemeine Vorlieben der Kinder, wobei der Text völlig in Schreibschrift abgefaßt war. Die Fragen konnten mit „Ich auch“ oder „Ich nicht“ beantwortet werden.

So hatte es Frau M. sich jedenfalls vorgestellt.

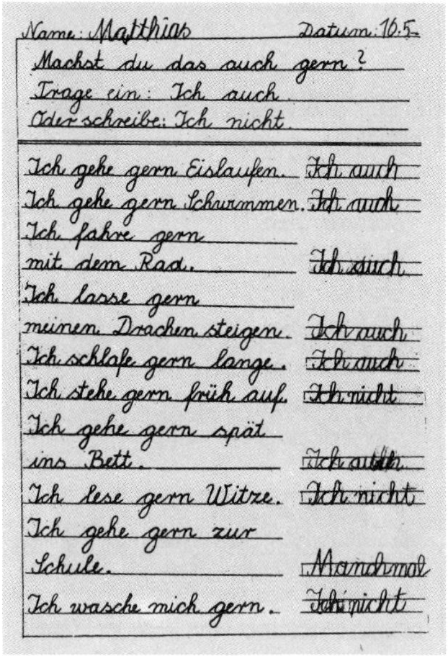
Name: Matthias Datum: 16.5.
Machst du das auch gern?
Trage ein: Ich auch
Oder schreibe: Ich nicht
Ich gehe gern Eislaufen. Ich auch
Ich gehe gern Schwimmen. Ich auch
Ich fahre gern mit dem Rad. Ich auch
Ich lasse gern meinen Drachen steigen. Ich auch
Ich schlafe gern lange. Ich auch
Ich stehe gern früh auf. Ich nicht
Ich gehe gern spät ins Bett. Ich auch
Ich lese gern Witze. Ich nicht
Ich gehe gern zur Schule. Manchmal
Ich wasche mich gern. Ich nicht

Matthias allerdings hatte dazu eine andere Meinung. Er wollte unbedingt noch das Wort „manchmal“ dazu lernen, denn sonst könne er nicht alle Fragen wirklich beantworten.

Selbstverständlich schlossen sich die anderen Kinder dieser Meinung an. Auf diese Weise wurde das Wort „manchmal“ unverhofft gleich noch mitgelernt.

Mit diesen wenigen Wörtern gelang es, in dieser Klasse die Schreibschriftaktivitäten von Beginn an so zu strukturieren, daß die Kinder stets sinnvolle, in funktionale Zusammenhänge eingebettete Schreibaufgaben bearbeiteten, die sie durch Ergänzungs- oder Änderungsvorschläge zu ihrer eigenen Sache machten.

Beispiel B

Die Klasse von Frau W. steckte mitten in den Vorbereitungen für den Muttertag, als der Wunsch, auch in Schreibschrift zu schreiben, laut wurde.

Kinder und Lehrerin hatten gerade überlegt und beschlossen, zum Ehrentag den Müttern einen „extraschönen“ Brief zu schreiben, in dem jedes Kind der Mutter etwas besonders Liebes sagen wollte, da tönte Florian plötzlich unüberhörbar: „Und ich mach noch was!“

„Na, wat'n?“ wollten die anderen wissen.

„Ich schreib noch meinen Namen mit Schreibschrift drunter. Da überrasch' ich meine Mama mit.“

Ein paar Sekunden waren die anderen Kinder zunächst sprachlos, so beeindruckt waren sie von Florians entschiedener Äußerung. Dann gab es auch für sie nur eins: „Das mach ich auch!“

Die allgemeine Freude über diese tolle Idee war ansteckend. Frau W. zögerte zwar erst noch ein wenig, doch dann stimmte auch sie zu:

„Gut, wir probieren es mal. Aber wenn es eine Überraschung sein soll, dürft ihr zu Hause nichts erzählen!“

„Na, klar!“

„Wir fangen aber erst morgen in den Teilungsstunden damit an. Und ihr müßt mir versprechen, daß ihr euren Namen dann auch ganz fleißig in Schreibschrift übt, denn er soll ja auf dem Brief schön geschrieben sein.“

Mit der Zusage, daß sie ganz viel üben würden, war das Vorhaben „Name in Schreibschrift“ beschlossene Sache. Aufgeregt vor Freude gingen die Kinder nach der letzten Stunde nach Hause.

Frau W. ging ebenfalls aufgeregt heim, allerdings weniger aus Vorfreude als aus Unruhe.

Das hatte sie noch nie gemacht, mit den Vornamen der Kinder an die Schreibschrift heranzugehen. Ob das klappen würde?

Zum Glück hatte sie morgen für jede Klassenhälfte eine Teilungsstunde.

Langsam entwickelte sie eine Vorstellung davon, wie das Vorhaben wohl ablaufen könnte:

Am Anfang würde sie an der Tafel zwei Namen von den Kindern in Druck- und Schreibschrift vergleichen und nachfahren lassen, damit die Kinder die Unterschiede feststellen und erfassen könnten.

Dann würde sie die einzelnen Vornamen in Tischgruppen zu viert mit den Kindern erarbeiten; bei zwölf Kindern pro Teilungsstunde wären das drei Gruppeneinführungen.

Das ließe sich machen.

Die Kinder, deren Namen noch nicht erarbeitet wäre, könnten solange schon an der Verzierung ihres Briefbogens für die Mutter arbeiten.

Das ginge also auch.

Die gruppenweise Erarbeitung würde zunächst auch an der Tafel geschehen; dabei könnte sie jedem Kind – bei Bedarf – gut die Hand führen helfen.

Dann müßte jedes Kind eine – in eine Klarsichthülle eingeschobene – Namenspappe erhalten. Auf dieser Schreibpappe könnten die Kinder die Schreibbewegung mit Filzstiften (wasserlöslich) üben, ohne die Pappvorlage gleich unbrauchbar zu machen. Ja, das ginge auch.

Während dieser Phase müßte jedes Kind noch einmal einzeln beobachtet werden, um den Bewegungsablauf kontrollieren zu können. Und wenn die ersten Kinder sich auf der Übungsvorlage sicher fühlten, könnten sie ihren Namen mit Filzstift auf Papier üben. Die Verkleinerung der Schreibbewegungen könnte dann individuell (in den nächsten Stunden) erfolgen.

Übermorgen könnten die Kinder ihren Namen dann auf den – bis dahin sonst bereits fertiggestellten – Briefbogen übertragen.

Ob das so gehen würde?

Und wie es ging!

Durch den Ernstcharakter der Situation – Unterschrift unter das Muttertagsgeschenk – waren die Kinder so konzentriert bei der Sache, daß es weder Disziplinprobleme noch erwähnenswerte Schwierigkeiten bei der Erarbeitung der teilweise ganz schön langen Namenszüge gab.

Die Teilungsstunden verliefen beide ungefähr so, wie Frau W. sie sich vorgestellt hatte, wobei in beiden Gruppen ein paar Kinder ihren Namen (von älteren Geschwistern her) schon recht gut in Schreibschrift schreiben konnten, so daß Frau W. mehr Zeit mit den tatsächlichen Anfängern verbringen konnte.

Hier die Briefe von Nicolai und Florian, die beide vorher ihren Namen noch nicht in Schreibschrift schreiben konnten. Der Brieftext ist jeweils individuell entstanden.

Besonders reizvoll für die Kinder wurde die erste Schreibschriftaktion zusätzlich dadurch, daß Frau W., angetan von dem Eifer, mit dem die Kinder ihre Namen erfolgreich übten, vorschlug, die Muttertagsbriefe an einen aufgeblasenen Luftballon zu hängen. Auf den Luftballon könne jedes Kind mit dickem Filzstift „von . . .“ schreiben.

Natürlich wurde diese Idee von den Kindern begeistert in die Tat umgesetzt, wobei einige Luftballons mit lautem Knall platzten. Dann klappte es eben beim zweiten Versuch. Auf diese Weise hatte sich das erste *gemeinsame* Schreibschriftwort „eingeschlichen“ – das Wörtchen „von“.

Wie ging es weiter in dieser Klasse mit der Schreibschrift? Selbstverständlich wurde jeder Arbeitsbogen jetzt in Schreibschrift unterschrieben. Es wurden neue Namenslisten angelegt, Unterschriftensammlungen veranstaltet sowie der Name der Freundin/des Freundes geübt.

Da in dieser Klasse zu der Zeit viele Briefe geschrieben wurden, orientierten sich die nächsten gemeinsam erarbeiteten Wörter an Briefwendungen: Liebe Mama, lieber Papa, dein, deine, . . .

Darüber hinaus wurden von nun an wichtige Wörter aus sachkundlichen Themen in Schreibschrift geübt.

Mit Beginn des zweiten Schuljahres wurde der Bestand an Schreibschriftwörtern, -buchstaben und -buchstabenverbindungen im Zusammenhang mit der Erarbeitung der Reihenfolge des Alphabetes noch einmal systematisch gesichert. Dazu legte sich jedes Kind ein eigenes ABC-Heft an, in das neben vielen Abbildungen die individuellen und die gemeinsamen Schreibschriftwörter eingetragen wurden.

Beispiel C

Egal, ob zu Hause oder im Zoo, Tiere üben auf Kinder stets eine ungeheure Faszination aus. Ein gemeinsamer Besuch im Zoo ist daher für viele erste Klassen ein beeindruckendes Erlebnis.

Jahreszeitlich bedingt (Frühling, der Jungtiere wegen) fällt dieser erste Zoobesuch häufig zusammen mit der Phase, in der für die Kinder die Schreibschrift aktuell wird.

So war es nicht weiter verwunderlich, daß in der Klasse von Frau H. die Idee entstand, die Schreibschrift mit den Lieblingstieren der Kinder zu erlernen, und zwar anhand von „Schreibbildern“. Schreibbilder kannten die Kinder schon von der Arbeit mit den Druckbuchstaben her. Damals waren sie besonders als „Rätselbilder“ bei ihnen sehr beliebt gewesen.[4]

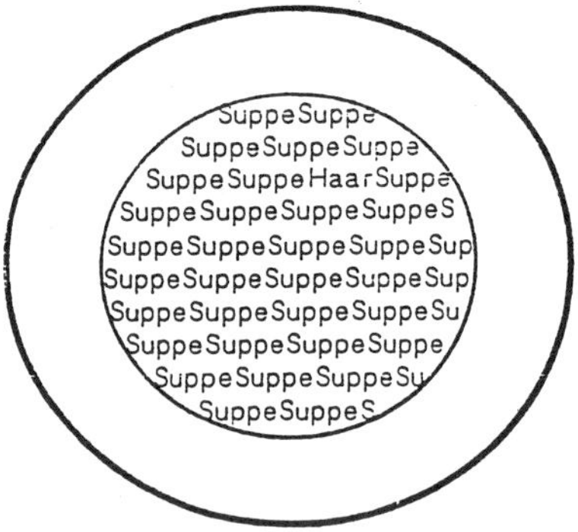

Findest Du das Haar in der Suppe?

Findest Du den Wurm im Apfel?

4 Anregende Beispiele für Schreibbilder bzw. Rätselbilder finden sich auf den Plakaten der Regenbogen-Lesekiste, aus der auch diese Abbildungen entnommen sind. Regenbogen-Lesekiste, Balhorn, Heiko, Brügelmann, Hans, Scheerer-Neumann, Gerheid (Hrsg.) 1986

Und bei der Nachbereitung des Zoobesuches tauchten sie plötzlich wieder auf – die Schreibbilder. Da die Kinder in der letzten Zeit bereits mehrfach darauf zu sprechen gekommen waren, daß sie die Schreibschrift lernen wollten und erste Vornamen bereits in dieser Schrift präsentiert wurden, lag es nahe, beide Ideen miteinander zu verknüpfen.

Eine erste Sammlung der Namen von Lieblingstieren ergab – und dies erleichterte das Vorhaben sehr –, daß es gar nicht so viele verschiedene Tiere waren, die hoch im Kurs standen, sondern daß sich die Vorlieben konzentrierten. Löwen, Affen, Tiger, Katzen, Hunde und Leoparden rangierten auf den oberen Plätzen; vereinzelt gab es auch ausgefallene Wahlen wie Maus, Kuh oder Dinosaurier.

Als vorbereitende Hausaufgabe bekamen die Kinder den Auftrag, zu Hause in Zeitschriften und Büchern nach Tierbildern zu schauen und diese mitzubringen, damit sie als Vorlage für die Umrißzeichnung der Schreibbilder benutzt werden könnten.

Frau H. selbst übernahm als „Hausaufgabe“ für den nächsten Tag, den Löwenumriß herzustellen, da der Löwe zum „Hauptlieblingstier“ erkoren worden war.

Von der Abbildung in einem Tierlexikon auf Matrize übertragen (was nicht so ganz einfach war), fand der Löwe am nächsten Tag bei den Kindern große Anerkennung.

„Den haste aber gut hingekriegt.“

Im Halbkreis um die Tafel versammelt ging es nun darum, daß die Kinder durch den Vergleich der Druck- und Schreibschriftversion des Wortes „Löwe – *Löwe*“ Vermutungen anstellten, was das Besondere an der Schreibschrift sei bzw. wie man dieses Wort am besten schreiben könne.

Auch in dieser Klasse fanden die Kinder sehr schnell die Prinzipien heraus, nach denen unsere Schreibschrift „gemacht“ ist. Interessanterweise schlugen einige Kinder aufgrund ihrer ersten Schreibversuche an der Tafel vor, auf die untere Schleife beim großen „*L*“ zu verzichten. Sie empfanden die zusätzliche Schleife als „zu umständlich“, also statt „*L*“ eher „*L*“.

Stephan der schon vorher seine guten Schreibschriftkenntnisse eingebracht hatte, erklärte dazu sehr entschieden: „Geht nicht. Ist doch dann wie das kleine „*l*“.

So einfach wollten die Kinder, die der „Vereinfachung“ zugestimmt hatten, ihre Idee jedoch nicht aufgeben. Also wurde das große Schreibschriftplakat an der Wand zu Rate gezogen.

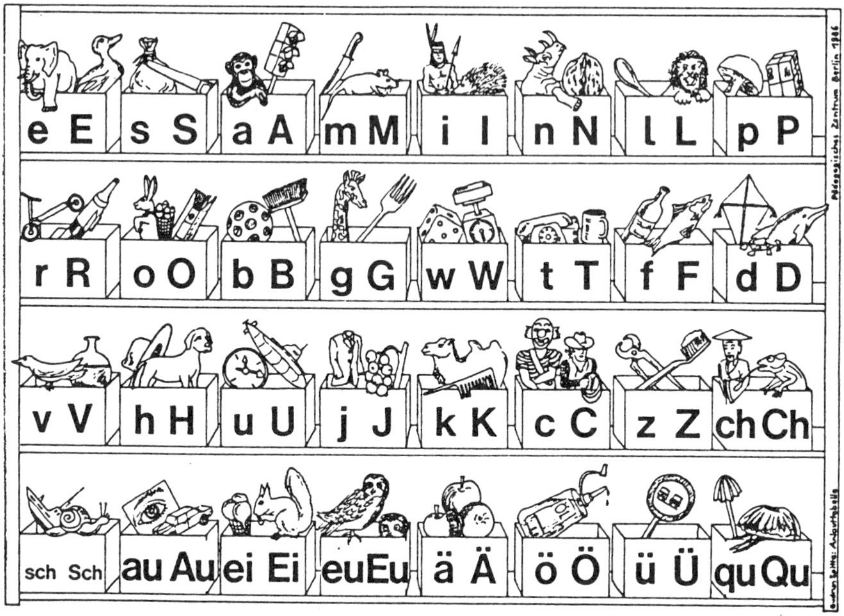
e E s S a A m M i I n N l L p P
r R o O b B g G w W t T f F d D
v V h H u U j J k K c C z Z ch Ch
sch Sch au Au ei Ei eu Eu ä Ä ö Ö ü Ü qu Qu
Pädagogisches Zentrum Berlin 1986
Gudrun Spitta: Anlauttabelle

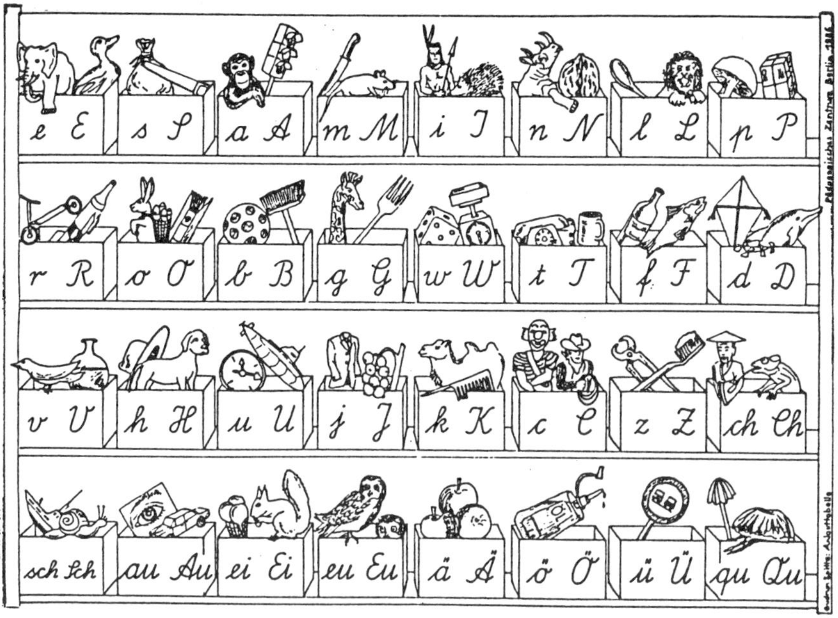
e E s S a A m M i I n N l L p P
r R o O b B g G w W t T f F d D
v V h H u U j J k K c C z Z ch Ch
sch Sch au Au ei Ei eu Eu ä Ä ö Ö ü Ü qu Qu
Pädagogisches Zentrum Berlin 1986
Gudrun Spitta: Anlauttabelle

Hierbei erwies es sich als günstig, daß es dieselbe Art von Bilder-Buchstaben-Tabelle war, wie die Kinder sie bereits von der Druckschrift her kannten.[5] Unter dem entsprechenden Bilderkästchen fanden sie schnell das große und kleine Schreibschrift „L, l“.

Nun waren auch sie zwar enttäuscht, aber überzeugt: „Stephan hat recht.“ Und Verwechslungen sollte es, das sahen sie ein, nicht unbedingt geben.

Nachdem ein gemeinsamer Schreibbewegungsablauf erarbeitet worden war, fand das sogenannte „Probeschreiben“ statt: Nach einer Übungsphase an der Tafel und auf vorgespurten Schriftbildern konnten die Kinder auf einem unlinierten Bogen, dem sogenannten Probeblatt, selbst (oder im Gespräch mit dem Banknachbarn oder der Lehrerin) prüfen, ob sie mit ihrer Schrift schon so zufrieden sein konnten, daß sie sich bereits zutrauten, das Löwenbild „auszufüllen“.

Dieses „Ausfüllen“ geschah mit großem Eifer und konzentrierter Ausdauer. Jedes „Löwe“ wurde mit einer anderen Filzstiftfarbe und bewußt an eine bestimmte Stelle geschrieben. Waren die einzelnen Wörter zu groß geraten und dadurch nur viermal „Löwe“ auf das Bild gekommen, wurde ein zweiter Bogen, dieses Mal gezielt mit kleinerer Schrift und dadurch mehr Wörtern, ausgefüllt.

5 G. Spitta/G. Wilhelm, Anlauttabelle in Druckschrift und Schreibschrift, Pädagogisches Zentrum Berlin, 1986

Aysun, ein türkisches Mädchen, wurde übrigens unverhofft „Löwenkönigin" – mit 83 geschriebenen Wörtern. Nach dem ersten Bogen erbat Aysun – für zu Hause – einen weiteren.

An den folgenden Tagen kamen auf ähnliche Weise die übrigen Tiere ins „Schreibbild", so daß jedes Kind bald sein eigenes Buch „Lieblingstiere in Schreibschrift" besaß.

So sah zum Beispiel eine von einem Kind selbst entworfene und von allen begeistert ausgefüllte Katze aus.

Annes Mausbild wurde unfreiwillig zum begehrten Schreibrätsel. Bei zwei Wörtern fehlt ein U-Strich. Wer findet die Wörter?

Hier der erste Versuch eines Kindes mit „seiner“ Kuh.

Da die Kinder dieser Klasse eine nicht nachlassende Freude an der Gestaltung von Schreibbildern hatten, wurde auch nach dem Lieblingstierbuch nach diesem Prinzip weitergearbeitet.

Das Thema „Mein Körper“ führte zunächst zu Probeumrißzeichnungen der eigenen Hände und Füße (die sind gar nicht so leicht selbst herzustellen). Die endgültigen Umrisse wurden auf farbigem Karton hergestellt, bunt ausgeschrieben und an einer Klassenwand nebeneinander aufgehängt. Das sah besonders lustig aus.

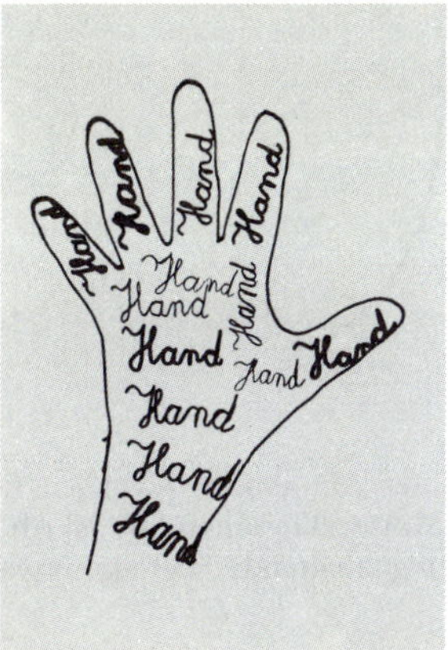

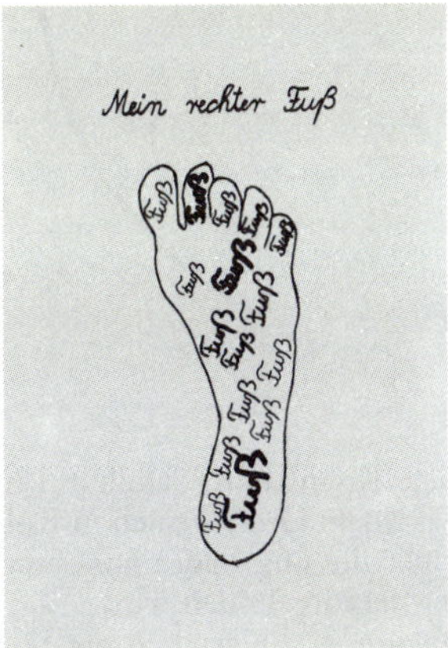

Auch Personen wurden auf diese Weise mit Schrift dargestellt bzw. gestaltet.[6]

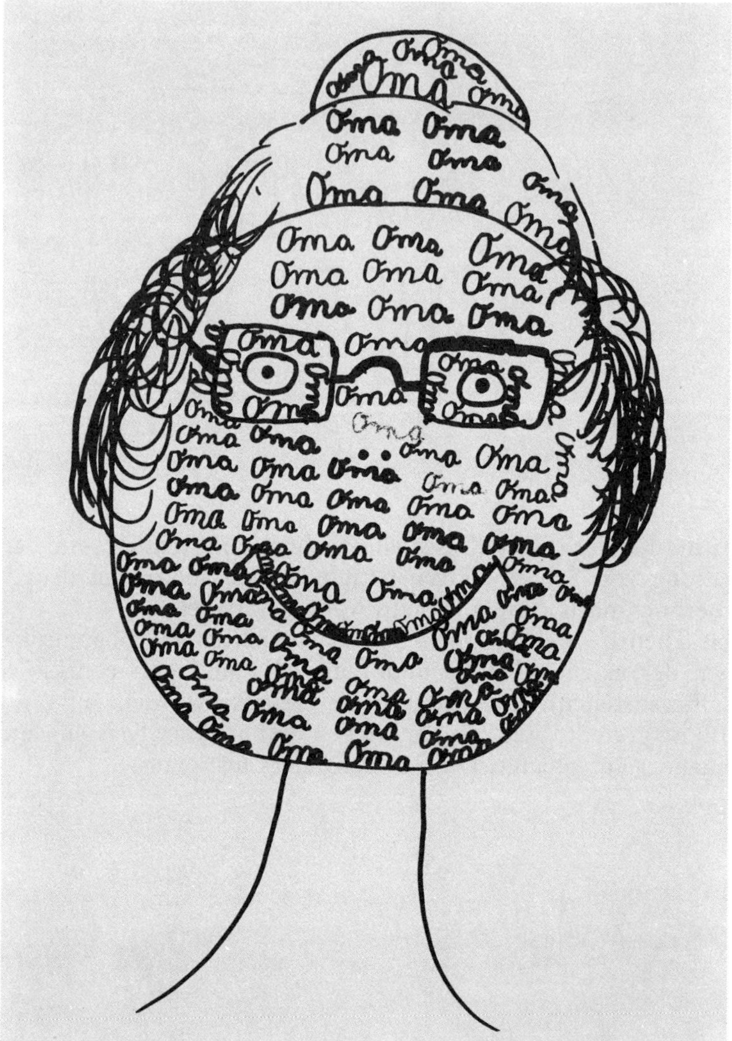

6 Gabriele Krichbaum, Schulrätin in Köln, berichtet von ähnlich positiven Erfahrungen bei einem Großversuch in Köln unter dem Motto „Gestalten mit Schrift“, wobei auch hier die ungeheuer hohe und besonders langanhaltende Schreibmotivation der Kinder hervorgehoben wird.
Krichbaum, G.: Gestalten mit Schrift, 1987.

Der Übergang zur Schreibschrift – grundlegende Prinzipien

So unterschiedlich die dargestellten Wege zur Schreibschrift im Detail auch sind, im grundsätzlichen Herangehen an die verbundene Schrift weisen sie doch wesentliche Gemeinsamkeiten auf, die im folgenden in einer Zusammenschau aufgezeigt werden.

- In all unseren Klassen[1] waren die Lehrer/-innen davon überzeugt, daß die beste Voraussetzung für eine gute Schrift Freude am Schreiben sei. Die Lust an der gelungenen Form ist in der Regel die Folge von Lust am Schreiben.
  Daher war oberstes Prinzip, „zunächst und überhaupt" die Schreibmotivation der Kinder zu erhalten, zu fördern, ja, zu pflegen. Dieses war uns umso wichtiger, als Spaß am Schreiben und Freude am gelungenen Produkt (seien es einzelne Buchstaben, Wörter, Sätze oder kurze Texte) bei Kindern ungeheure Energiepotentiale zum Üben mobilisieren. Und stärker als bei der Erarbeitung der Druckschrift erfordern die Bewegungsabläufe der Schreibschrift konzentrierte Übungsphasen zu ihrem Erwerb.
- Aus der Einsicht heraus, daß Kindern der Erwerb der Schreibschrift leichter fällt, wenn sie innerlich bereits durch die sogenannte „Get-it-down-Phase" (Graves)[2] gegangen sind und von sich aus Interesse an zusätzlichen Formaspekten zeigen, waren die Kinder in allen Klassen am „Finden" des Zeitpunktes für den „Übergang zur Schreibschrift" maßgeblich mitbeteiligt.
- In keiner Klasse wurde der Übergang „vollzogen", nur weil er vom gewählten Leselehrgang her vielleicht „dran" war, sondern das Schreibverhalten der Kinder wurde daraufhin beobachtet, inwieweit die Kinder bereits offen waren für neue Ansprüche sowie für höhere Anforderungen an die äußere Form.
  Dabei wurden neue Aspekte formaler Gestaltung durchaus im Rahmen unterrichtlicher Maßnahmen in das Blickfeld der Kinder ge-

1 „Unsere Klassen" = 40 erste Klassen, die, begleitet von Fortbildungsveranstaltungen, diesen Ansatz des Schrift-Sprach-Erwerbs praktiziert haben.

2 Diese Phase ist durch die besondere Motivation gekennzeichnet, überhaupt erst einmal etwas zu Papier gebracht zu haben, das als Schrift gilt und gelesen werden kann. Weitere Ansprüche werden anfänglich von den Kindern an ihre Produkte nur selten gestellt.

rückt (Aufhängen der Schreibschrifttabelle, erste Schreibschriftmaterialien liegen aus, Lehrerin notiert häufiger Notizen an der Tafel in Schreibschrift), ohne daß jedoch die Kinder sofort darauf hätten reagieren müssen oder reagiert hätten.

- Da eine willentliche und aktive Aneignung der Schreibschrift durch die Kinder eher gelingt, je stärker diese innerlich an diesem Prozeß beteiligt sind, wurden die Kinder ausgiebig am Entdecken, Finden und Erproben des Schreibschriftbewegungsablaufes beteiligt.
  Die Frage, ob man überhaupt Schreibschriftformen vorgeben oder die Kinder die Formen im Sinne Kuhlmanns[3] allein „schöpferisch erfinden" lassen solle, erübrigte sich. In allen Klassen besaßen die Kinder bereits erste (teilweise sehr präzise) Formvorstellungen von Buchstaben der neuen Schrift, die sie in ihre Überlegungen und Experimente einbrachten.
  Hier wissen Kinder – angeregt durch ältere Freunde, die Schulumgebung sowie durch Erwachsene – häufig mehr, als wir ihnen im allgemeinen zutrauen.
  Die Beteiligung der Kinder bezog sich nicht nur auf die Erarbeitung der formalen Schreibbewegung, sondern ebenso auf die Auswahl der ersten Schreibwörter.
- In vielen unserer Klassen wurden die Kinder nach den ersten Erfahrungen mit der Schreibschrift von einer Art „Übungswut" angesteckt. Sie brannten darauf, endlich alle Buchstaben in Schreibschrift zu „können".
  Ohne Umschweife wollten sie „trainieren". Ganz formale Übungen waren ihnen in dieser Phase gerade recht, damit sie nur endlich an das verlockende Ziel gelangten, nämlich mit dem Statussymbol „Füller" in Schreibschrift schreiben zu dürfen. Um dieser „Übungswut" gerecht zu werden, verwendeten die Lehrer/innen unterschiedliche Materialien. In einigen Klassen wurde mit einer Schreibkartei gearbeitet, auf deren Karteikarten die Schreibbewegungsabläufe durch Pfeile eingetragen waren.[4]
  Die Karten konnten nun „abgearbeitet" werden, wobei die „beherrschten" Buchstaben auf dem eigenen Buchstabenplakat bunt gekennzeichnet wurden. Das erleichterte den Kindern und Lehrern den Überblick. Zusätzlich mußte die Schreibweise bestimmter „Lieblings- und Grundwortschatzwörter", die die Lehrer auf Karten vorgeschrieben hatten, geübt und beherrscht werden, bevor der Füller in Aussicht stand. In anderen Klassen führten diese Übungen

3 Fritz Kuhlmann, 1923.
4 Hanne Meyer-Behrens/Sylvina Vecqueray: So schreibe ich, Buchstabenkartei, 1986.

dazu, daß sich alle Kinder einen ABC-Ordner anlegten, in den sie diejenigen Buchstaben und Wörter, die sie schon in Schreibschrift beherrschten, eintrugen. Zusätzlich mußten die Blätter anhand eines ABC-Registers einsortiert werden, so daß die Ordner im weiteren Verlauf des zweiten Schuljahres als Nachschlagwerk für „freies Schreiben" sowie für die Vorbereitung von Diktaten als Sammlung der „Wörter, die ich richtig schreiben kann", benutzt wurden.

- Was Schreibhaltung und Schreibgriff beim Füller betrifft, so legten die Lehrer/-innen zum einen Wert darauf, daß die Kinder sich daran gewöhnten, ihre Schreibmaterialien schräg nach rechts oben gerichtet vor sich hinzulegen, um die Entlastung der Grobmuskulatur des Armes zugunsten von Aktivität der Feinmuskulatur der Hand zu unterstützen. Die Haltung des Füllers, wie sie in den Rahmenplänen der einzelnen Bundesländer üblicherweise beschrieben ist, wurde mit jedem Kind einzeln, ebenfalls unter dem Aspekt der ausschließlichen Aktivität der Feinmuskulatur, erprobt und geübt.

Probleme beim Übergang zur Schreibschrift

Es gibt Leute, die meinen, bei einem sehr kinderorientierten Herangehen an die Schreibschrift dürfte es für Kinder keine Probleme beim Erwerb der spezifischen Schreibbewegungsabläufe geben.

Diese Vorstellung muß als naiv bezeichnet werden. Denn die besondere Struktur unserer Schreibschrift mit ihren vielen Drehrichtungswechseln und asynchronen Haltepunkten bleibt auch bei einem entdeckenden, kindorientierten Vorgehen von der Sache her kompliziert.

Richtig ist allerdings, daß die Bereitschaft der Kinder, Schwierigkeiten zu meistern und gegebenenfalls dafür auch anstrengende Übungsphasen durchzustehen, ausgesprochen hoch ist und viele anfängliche Probleme „beherzt" angegangen und bewältigt werden.

Richtig ist darüber hinaus auch, daß es viel weniger allgemeingültige Schwierigkeiten beim Erwerb der Schreibschrift gibt, als gemeinhin angenommen wird. Unterschiedliche Kinder haben unterschiedliche Probleme. Was einem Kind schwer fällt (und von der Sache her möglicherweise auch als schwer analysierbar ist), geht dem anderen Kind ausgesprochen leicht von der Hand. Diesem wiederum will aber ein (aus der Sachlogik der Erwachsenen heraus gesehen leichter) Bewegungsablauf einfach nicht gelingen. Deswegen stellen lehrgangsorientierte (Trocken-)Übungen zum Schreibschrifterwerb nur eine sehr begrenzte Hilfe dar. Vielversprechender sind unserer Erfahrung nach individuelle Beobachtung von Kindern und ganz spezielle Hilfen sowie der Austausch der Kinder untereinander darüber, wie sie gerade dieses „hingekriegt“ haben.

Richtig (und wichtig zu wissen) ist außerdem noch, daß sich viele Schwierigkeiten nicht „von jetzt auf nachher“ aus der Welt schaffen lassen und dann doch häufig ganz unerwartet plötzlich verschwunden sind. Hier gilt es, Zeit und Geduld zu haben und vor allem den Kindern den Mut und die Lust zum Schreiben zu erhalten.

Wo Mut und Lust verloren gehen, wachsen die Schwierigkeiten, mit der Schrift klarzukommen, in einem erschreckenden Ausmaß an. Angst und Mißtrauen in die eigenen Fähigkeiten sind denkbar schlechte Bundesgenossen zum Lernen.

In diesem Sinne werden anschließend Probleme, die einzelne Kinder mit der Schreibschrift hatten, dargestellt und die in diesen Klassen angebotenen Hilfen erläutert.

- Für einige Kinder war der Aspekt der Schnelligkeit und Flüssigkeit beim Schreiben so wichtig, daß einzelne Elemente einer Buchstabenform beim Schreiben „unter den Tisch fielen“.
  Aus „beim“ wurde dann „leim“,
  aus „blau“ wurde dann „llau“.
  Die Bitte, den Text einmal selbst laut vorzulesen oder durch ein anderes Kind vorlesen zu lassen, machte den Kindern anhand der Sinnentstellung die Notwendigkeit solcher kleinen Formelemente einsichtig. Sie erklärten sich bereit, darauf zu achten, auch wenn sie gerade „so schön im Schwung“ waren.

- Umgekehrt nahmen andere Kinder gerade diese kleinen „Haken und Ösen“ so wichtig, bzw. waren durch sie zunächst so verwirrt, daß diese Kleinformen vor dem Übergang zum nächsten Buchstaben doppelt geschrieben wurden.

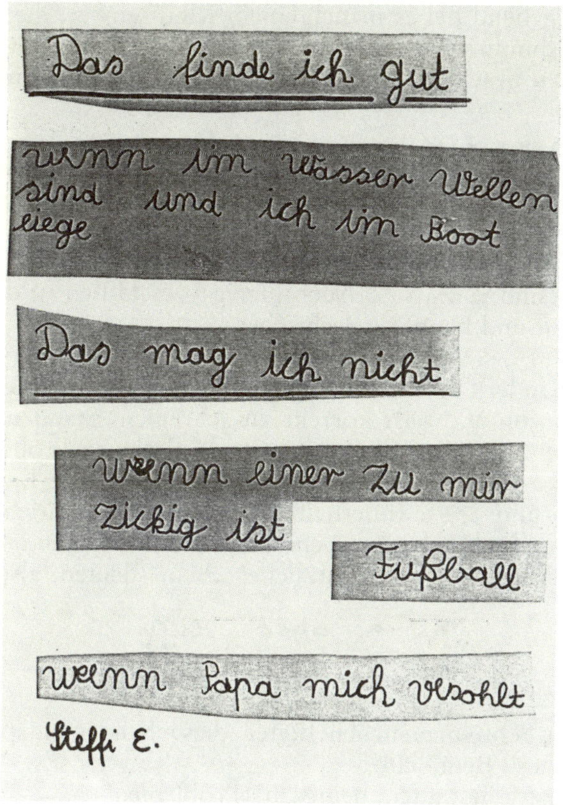

Steffis Arbeit ist hier insofern besonders interessant, als innerhalb eines Textes eine „Schreibentwicklung“ sichtbar wird.
Steffi war sich nicht sicher darüber, wie „*w*“ und „*e*“ miteinander verbunden werden.
Beim ersten Versuch, „*wenn*“ zu schreiben, hängt sie das „ “ ohne Haken an das „*e*“, wobei es ihr schwer fällt, das „ “ so leserlich zu schreiben, wie sie es sonst bereits sicher kann.
Beim zweiten „wenn“ sieht man die „Doppelöse“. Beim dritten Versuch streicht sie bereits die überflüssige Schleife weg und verstärkt die korrekte Verbindungslinie. Steffi veränderte ihre Schreibweise übrigens von allein – nicht nach einem Lehrerhinweis. Andere Kinder bezogen in solchen Fällen die Anregungen dazu aus den Schreibgesprächen und übten die korrekte Schreibweise mit dem nassen Schwamm an der Tafel.

- Vorübergehend fiel es manch einem Kind schwer, die unterschiedliche Verbindungsart bei großer bzw. kleiner Version eines Buchstabens zu beachten, besonders wenn die beiden Formen sich sehr ähneln.

W - Wasser ; V - Vogel

w - was ; v - von

Spontan schrieben die Kinder auch in der Kleinversion lieber „ was “ und „ von “. Auch hier gab es Hilfen in den Schreibgesprächen und beim Tafelschreiben.

- Einigen Kindern machte es Schwierigkeiten, das „n“ und das „m“ innerhalb von Wörtern korrekt zu schreiben. Standen die beiden Buchstaben am Wortanfang, bereiteten sie keine Probleme, da sie dann – wie in der Druckschrift „zwei“ bzw. „drei Beine“ haben, also „n“ und „m“. Innerhalb eines Wortes geschrieben erhalten beide Schreibschriftbuchstaben eine Verbindungslinie, die manche Kinder verunsichert als zusätzliches „Bein“ deuten, also

n → aber ein

m → aber beim

Bei ihren Schreibversuchen fügten diese Kinder entsprechend ein zusätzliches „Bein“ ein.
Pamela hatte besonders beim „m“ Probleme.

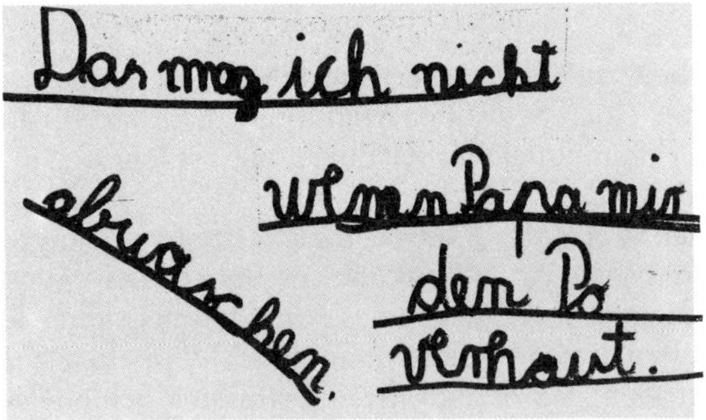

Um hier eine klare Trennung zwischen Buchstabe und Verbindungslinie für die Kinder zu erreichen, wurden im Rahmen eines Schreibgespräches die „m's“ und „n's“ in einem Text rot bzw. blau nachgefahren und die Verbindungslinie gelb gekennzeichnet.

- Wenige Kinder nahmen nach den ersten Schreibversuchen die Verbundenheit der Schrift so ernst, daß sie plötzlich versuchten, mehrere Wörter, Satzteile oder gar ganze Sätze in einem Zug zu schreiben.

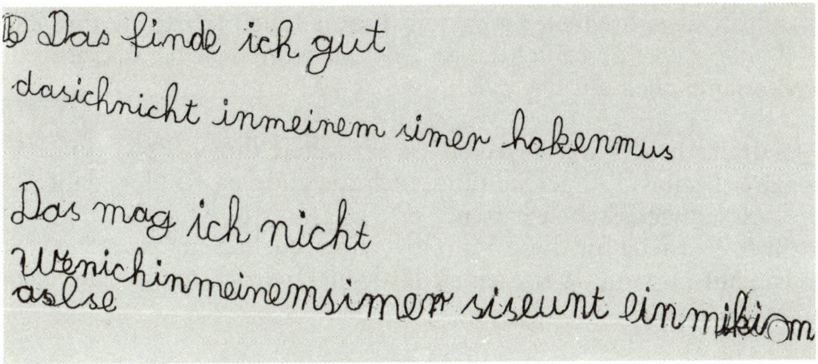

Dieses Mißverständnis wurde zur großen Erleichterung dieser Kinder schnellstens aus der Welt geschafft.

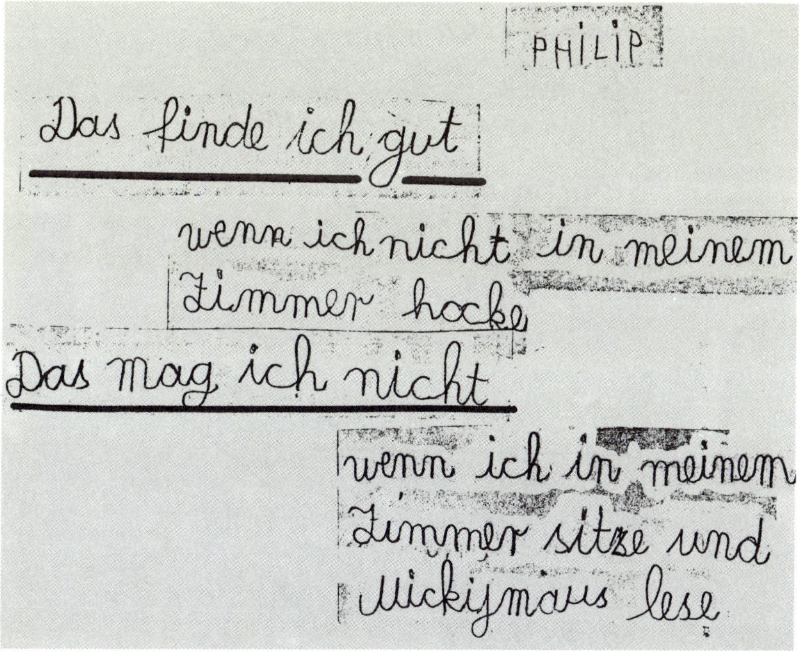

- Einige Kinder brachten bereits eigene Schreibversionen eines Buchstabens mit in die Schule, besonders häufig bei Buchstaben aus ihrem eigenen Namen.
So auch Katharina, die, angeregt durch ihre ältere Schwester, schon zu Schulbeginn versucht hatte, ihren eigenen Namen in Schreibschrift zu schreiben. Ganz selbstverständlich führte sie ihre eigene Version vor, den Buchstaben „h“ zu schreiben. Sie übertrug diese Variante auch auf das „ch“, „k“, „ck“:

k, ck, k, ck

Für Katharina war es zunächst einfacher, diesen Bewegungsablauf zu schreiben, zumal sie (und auch die anderen Kinder) dabei keine Leseschwierigkeiten hatten.
Ihre Vorliebe für diese Schreibversion leuchtet um so mehr ein, als sie auf elegante Weise einen lästigen Drehrichtungswechsel eingespart hatte.

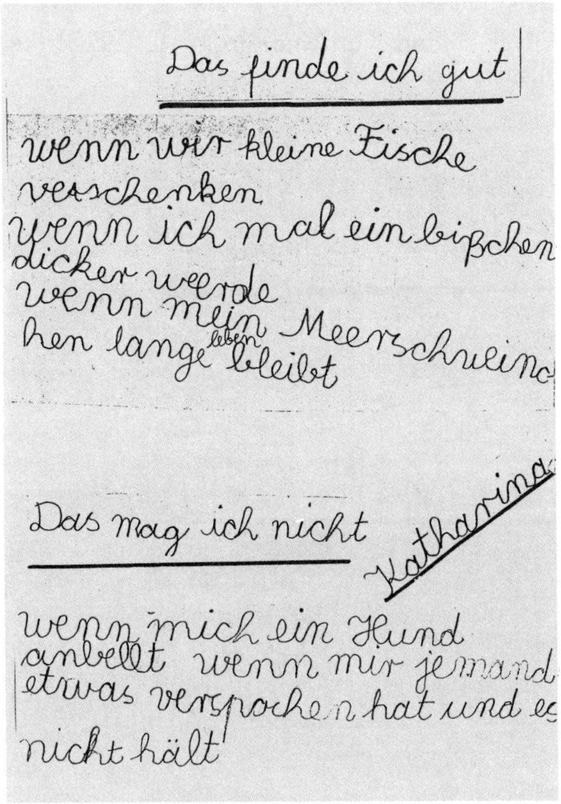

Interessanterweise hatte Katharina keinerlei Probleme, beim „*k*" am Wortanfang den in der Klasse gemeinsam erarbeiteten Bewegungsablauf zu benutzen.
Das „*k*" konnte Katharina auf beide Weisen flüssig schreiben. Nach einigen Hinweisen im Rahmen von Schreibgesprächen, die von ihr stets damit beantwortet wurden, daß sie ja beide Schreibweisen gut könne, ließen wir Katharina eine Weile in Ruhe. Das war hier wahrscheinlich das Beste. Denn ohne den Druck, ab sofort nur noch den gemeinsam vereinbarten Bewegungsablauf verwenden zu müssen, stellte sie sich nach einiger Zeit – fast unbemerkt – von ganz allein um.

- Die Verwendung einer bestimmten Lineatur war in den meisten Klassen zunächst nicht vereinbart worden.
  Anfänglich schrieben die meisten Kinder – wie auch beim Druckschriftbeginn – auf unlinierten Bogen oder Schreibstreifen.
  Nach einiger Zeit konnten sie mit verschiedenen Lineaturen experimentieren, wobei – ebenfalls wie bei der Druckschrift – die wenigsten Kinder die für die erste Klasse vorgesehene Lineatur wählten. Stattdessen wurden Balkenlinien oder die einfache Strichlineatur bevorzugt. Im zweiten Schuljahr war die Balkenlineatur am meisten verbreitet.
  Das lange Schreiben auf unlinierten Bogen hatte bei vielen Kindern nicht nur den Effekt, daß sie sehr mutig schrieben, sondern wirkte sich darüber hinaus so aus, daß sie im Laufe der Zeit eine große Sicherheit im selbständigen Einteilen eines Bogens erworben hatten.
  Während einer Übergangsphase schrieben übrigens viele Kinder eine Art „Mischschrift". Einzelne Wörter wurden in verbundener Schrift, andere in Druckschrift produziert.

Ausblick: Wohin geht die Entwicklung

Vorstellungen darüber, wie Kinder schreiben lernen sollten, haben – dies hat E. Neuhaus-Siemon[1] erst kürzlich wieder exemplarisch anhand der Arbeiten von Kuhlmann und Brückl nachgewiesen – häufig mehr mit dem impliziten Menschenbild, speziell Kinderbild des Vertreters einer bestimmten „Schreibschule“ zu tun, als mit den angeführten sachlogischen, didaktischen Zusammenhängen.

In diesem Sinne scheint es angebracht, das, was implizit über kindliche Lernprozesse im Verlaufe dieser Schrift (neben den explizit dargelegten gegenstands- und kommunikationsspezifischen Aspekten) geäußert wurde, noch einmal deutlich zusammenzufassen.

Kinder werden im Rahmen dieses Ansatzes als aktive, explorative, kreative Lerner wahrgenommen, für die der Aspekt der tatsächlichen subjektiven Bedeutsamkeit eines Lerngegenstandes grundlegende Motivationsbasis ist. Dies entspricht guter deutscher pädagogischer Tradition[2], den Ergebnissen jahrzehntelanger anglo-amerikanischer Forschung zum Schriftspracherwerb[3] sowie grundlegenden Erkenntnissen aus den Arbeiten der sowjetischen Lernpsychologie.[4]

Damit wird in dieser Schrift eine klare Abgrenzung vollzogen gegenüber einer Auffassung von Schreibenlernen, wie sie im deutschen Raum stark verbreitet ist und u. a. von Fritz Bärmann in herausragender Weise vertreten wird.

Im Rahmen dieser Tradition, die, unter einzelnen Aspekten gesehen, beachtenswerte „Teilleistungen“ vollbracht hat[5], werden Schulanfänger grundsätzlich wahrgenommen als gekennzeichnet durch „totale Hilflosigkeit des educandus in einer Welt abstrakter Zeichen“ (Bärmann, 1970), woraus gefolgert wird, daß nur das „Vormachen“ des „Vorgeschriebenen!“ (das Ausrufezeichen stammt von Bärmann selbst) eine anthropologisch begründbare Unterweisungsmethode sei.[6]

Die vorliegende Schrift zeigt in Theorie und Praxis einen anderen

1 E. Neuhaus-Siemon, Vortrag auf der Herbsttagung der DGLS 1986 in Würzburg, Manuskript, erschienen (März ’87) in einer Publikation der DGLS.
2 Vgl. dazu die Ansätze innerhalb der deutschen Reformpädagogik der 20er Jahre insbesondere Gansberg, Scharrelmann.
3 Vgl. die zusammenfassende Darstellung dazu in: Hans Brügelmann, 1984.
4 Vgl. u. a.: A. N. Leontjew, 1982.
5 Fritz Bärmann, 1975.
6 Fritz Bärmann, 1979, S. 40/41.

Weg auf, bei dem subjektive Interessen und schöpferische Kräfte im Einklang sind mit der geforderten Aneignung eines wohldefinierten Gegenstandes – hier der Schrift – unter Einbeziehung und Weiterentwicklung der von den Kindern in der vorschulischen Zeit entwickelten Vorstellungen über Zeichen und Schrift.

Die schöpferischen Kräfte im Kinde beim Schreibenlernen herauszufordern und zu fördern, heißt weder – wie manchmal befürchtet – auf notwendige Übungsphasen zu verzichten, noch in die Beliebigkeit eines „Laissez-faire-Verhaltens" abzugleiten.

Wie in der Theorie dargelegt sowie in den Unterrichtsdokumentationen aufgezeigt, bedeutet es vielmehr, daß die Kinder aus der Erfahrung der subjektiven Bedeutsamkeit des Kulturgutes Schrift heraus motiviert sind, Anstrengungen, Mühen und notwendige Wiederholungen zum Erwerb einer flüssigen, leserlichen Schrift durchzustehen.

Abschließend seien in Weiterführung der in dieser Schrift begründeten Entscheidung zugunsten der Druckschrift als Erstschrift einige Fragen zur Diskussion gestellt, die die fachdidaktische Öffentlichkeit sowie auch die zuständigen Bildungspolitiker in den nächsten Jahren sicherlich beschäftigen werden.

- Brauchen wir überhaupt eine verbundene Schrift, um schnell, flüssig und leserlich zu schreiben?
- Können wir Grundschulkinder nach Erfahrungen mit beiden Schriftarten nicht die Entscheidung selbst treffen lassen, mit welcher Schriftart – verbunden oder unverbunden – sie ihre persönliche Handschrift entwickeln und gestalten wollen?

Neben der Tatsache, daß in unserem „computerisierten Schreib-Zeitalter" die Druckschrift eine ungeheure Aufwertung erfahren hat und wohl weiter an Bedeutung gewinnen wird, sprechen Schulerfahrungen aus angelsächsischen und skandinavischen Ländern dafür, daß die Freigabe der Schriftart nicht zwangsläufig eine „Schriftverwilderung" nach sich zieht, sondern dazu führt, daß Kinder die zu ihrem individuellen Körpergefühl tatsächlich passende Schriftart wählen können.

Eine Entscheidung in diesem Sinne wäre ebenfalls die logische Konsequenz aus der Lockowandt'schen Kritik an den zu einseitigen Reformversuchen der letzten Jahre, bei denen lediglich eine Schriftart – die LA – gegen eine andere – VA – ausgetauscht wurde, statt eine grundsätzliche Reform anzustreben, die die Tatsache berücksichtigt, daß es eine Fiktion ist, anzunehmen, daß es für alle „Kinder eines bestimmten Alters einen gemeinsamen Bewegungshabitus gäbe".[7]

7 Oskar Lockowandt, 1986, S. 49.

In diesem Zusammenhang gilt es ebenfalls von dem „Argument“ Abschied zu nehmen, mit der Druckschrift könne nicht schnell und nicht flüssig geschrieben werden.

Nicht nur, daß die Vielzahl der Erwachsenen, die mit der Druckschrift flüssig und schnell schreiben, diese Behauptung widerlegt, auch Analysen der Bewegungsabläufe beim Druckschreiben, wie sie jüngst von W. Menzel angeführt werden, lassen erkennen, daß mit der Druckschrift nicht nur flüssig und schnell geschrieben werden kann, sondern darüber hinaus auch noch besonders leserlich.[8]

Im Interesse unserer Kinder sollten wir uns in Zukunft der Klärung solcher häufig tabuisierter Fragen mutig und offen stellen.

8 Wolfgang Menzel, 1986, S. 4/5.

Literaturverzeichnis

Bärmann, Fritz: Graphische Bestandsaufnahme – Ausgangsbasis für den Schreibunterricht, in: Die Grundschule 1975, Heft 6, S. 317–325.

Bärmann, Fritz (Hrsg.): Lernbereich Schrift und Schreiben, Braunschweig 1979.

Bärmann, Fritz: Schrift und Schreiben in der Grundschule – ein erziehungswissenschaftliches Problem, in: Bärmann 1979, S. 8–56.

Bartnitzky, Horst: Sprachunterricht heute, Frankfurt 1987.

Bergk, Marion; Meiers, Kurt: Schulanfang ohne Fibeltrott, Bad Heilbrunn, 1985.

Bergk, Marion; Pfeisteinger, Lilo; Strauss, Ilse: Versuche zu einem Anfangsunterricht ohne Fibellehrgang, in: Kinder entdecken die Schriftsprache, Beiträge zur internationalen Fachtagung am 1. März 1986 in Kassel, H. Hagstedt (Hrsg.), Universität Kassel, Reihe: Werkstattberichte, Heft 4, Kassel 1986, S. 47–62.

Blumenstock, Leonard: Einführung in den Gebrauch der Schriftsprache im Erstunterricht, Reihe: Die neue Grundschule, Heinsberg 1982.

Boehncke, H.; Humburg, J. (Hrsg.): Schreiben kann jeder, Reinbek 1980.

Bosch, Bernhard: Ganzheitsmethode und Schreibenlernen, in: Schrift und Schreiben 3, 1932, Heft 5, S. 134–146.

Bosch, Bernhard: Grundlagen des Erstleseunterrichts, Reprint der 1. Auflage von 1937, Arbeitskreis Grundschule, Frankfurt 1984.

Bosch, Elke; Rabenstein, Rainer; Schorch, Günter: Erhebungen zum Erstschreibunterricht nach dem bayerischen Grundschullehrplan 1981, Heft 1 und Heft 2, Institut für Grundschulforschung der Universität Erlangen-Nürnberg, Reihe: Berichte und Arbeiten aus dem Institut für Grundschulforschung, Nürnberg 1984.

Bosch, Elke u. a.: Erhebung zum Druckschriftbeginn, in: Die Bayerische Schule, Heft 18, 1984, S. 17–20; Heft 19, S. 11–14.

Brückl, Hans: Der Gesamtunterricht im ersten Schuljahr mit organischem Einbau des ersten Lesens und Schreibens, München/Berlin 1933.

Brügelmann, Hans: Kinder auf dem Weg zur Schrift – eine Fibel für Lehrer und Laien, Konstanz 1983, 1986².

Brügelmann, Hans u. a.: Die Schrift entdecken, Konstanz 1984, 1986².

Brügelmann, Hans: Lese- und Schreibaufgaben für Schulanfänger – Erprobungsfassung – Universität Bremen, Projekt: Kinder auf dem Weg zur Schrift, Bremen 1986.

Brügelmann, Hans (Hrsg.): A B C und Schriftsprache, Rätsel für Kinder, Lehrer und Forscher, Konstanz 1986.

Daumenlang, Konrad: Schreiblehrgang und Leseleistung im ersten Schuljahr, in: Schule und Psychologie 19, 1972, Heft 6, S. 379–384.

Dehn, Mechthild: Über die sprachanalytische Tätigkeit des Kindes beim Schreibenlernen, in: Diskussion Deutsch, 1985, Heft 81, S. 25–51.

Diener, Kuno: Schreibenlernen, Psychologische und didaktische Voraussetzungen, Stuttgart 1980.
Eichler, Wolfgang: Zur linguistischen Fehleranalyse von Spontan-Schreibungen bei Vor- und Grundschulkindern, in: Hofer, Adolf (Hrsg.): Lesenlernen – Theorie und Unterricht, Düsseldorf 1976.
Eigler, Gunter: Schreiben als kognitiver Prozeß, in: Unterrichtswissenschaft, Heft 4, 1985, S. 301–318.
Freinet, Célestin: Vom Schreiben- und Lesenlernen, in: Boehncke, H./Humburg, J. (Hrsg.): Schreiben kann jeder, Reinbek 1980.
Gansberg, Fritz: Der freie Aufsatz. Seine Grundlagen und seine Möglichkeiten, Leipzig 1914.
Gansberg, Fritz: Das kann ich auch. Eine Anleitung zum Bilderschreiben und Fibeldichten, Leipzig 1922.
Gössmann, Wilhelm: Die Schriftlichkeit als Lernprozeß, in: Blätter für Lehrerfortbildung 1/77, S. 429–434.
Gössmann, Wilhelm: Wygotskis Begriff der inneren Sprache und seine Bedeutung für den Schreibprozeß, in: Wirkendes Wort, 1/1979, S. 13–28.
Graves, Donald H.: Writing – Teachers and Children at Work, New Hampshire 1983.
Grüner, Leopold: Erprobung der Vereinfachten Ausgangsschrift, in: Die Grundschule 1976, Heft 6, S. 332–336.
Grünewald, Heinrich: Schrift als Bewegung, Weinheim 1970, 1981^2.
Grünewald, Heinrich: Empirische Befunde über die Vereinfachte Ausgangsschrift, in: Die Grundschule 1981, Heft 2, S. 80–81.
Grünewald, Heinrich: Schreiben mit der Vereinfachten Ausgangsschrift, in: Neuhaus-Siemon, Elisabeth (Hrsg.): Schreibenlernen im Anfangsunterricht der Grundschule, Königstein 1981, S. 55–88.
Günther, Klaus-B.: Ein Stufenmodell der Entwicklung kindlicher Lese- und Schreibstrategien, in: Brügelmann, H. (Hrsg.): A B C . . ., Konstanz 1986, S. 32–54.
Heckhausen, Heinz: Wie Motive entstehen, in: Funkkolleg Pädagogische Psychologie, Studienbegleitbrief 2, Weinheim 1972, S. 71–99.
Heyer, Doris: Vorkurs zum Lesenlernen, Pädagogisches Zentrum, Berlin 1973.
Hörmann, Hans: Psychologie der Sprache, Berlin 1970.
Hofer, Adolf (Hrsg.): Lesenlernen – Theorie und Unterricht, Düsseldorf 1976.
Holt, John: „What Do I Do Monday?“ deutsch: Wozu überhaupt Schule, Ravensburg 1975.
Kainz, Friedrich: Psychologie der Sprache, IV. Band, Spezielle Sprachpsychologie, Stuttgart 1967.
Kern, Artur: Rechtschreiben als Funktion des Sprachunterrichts, Freiburg 1973.
Kirby, Dan; Liner, Tom: Inside Out – Developing Mental Strategies for Teaching Writing, Boynton/Cook Publishers, INC, Upper Montclair, N. J. 1981.

Krashen, Stephen D.; Terrel, Tracy D.: The Natural Approach – Language Acquisition in the Classroom, Pergamon/Alemany Press, Oxford 1983, 1985[2].
Krichbaum, Gabriele: Wie Kinder schreiben lernen – Ein pädagogisches Plädoyer für die Vereinfachte Ausgangsschrift, Heinsberg 1985.
Kuhlmann, Fritz: Schreiben in neuem Geiste, Erfüllung des Arbeitsschulgedankens im Schreibunterricht, Braunschweig/Hamburg 1923.
Legrün, Alois: Naturgemäßer Schreibunterricht, Grundlagen und Wege, Wien/Leipzig 1922.
Legrün, Alois: Zu Theorie des Schreibenlernens mit und ohne Hilfslinien, in: Quelle, 1923, S. 11–12.
Legrün, Alois: Fort mit dem Liniensystem, in: Pädagogische Warte 1926, Heft 33, S. 433–440.
Leontjew, A. N.: Tätigkeit, Bewußtsein, Persönlichkeit. Studien zur kritischen Psychologie 7, Köln 1982.
Leontjew, A. N.: Psycholinguistik und Sprachunterricht, Stuttgart 1974.
Liedel, Marianne: Gegenwärtige Tendenz in der Praxis des Schreibenlernens, in: Pädagogische Welt, Heft 9, 1977, S. 533–537.
Liedel, Marianne: Schreibanfänge, in: Hegele, Irmtraud (Hrsg.): Grundschule – Unterricht – Lehrerbildung, Arbeitskreis Grundschule e. V., Frankfurt 1978, S. 167–180.
Linder, Rudolf: Experimentell-statistische Untersuchung zum ersten Schreibunterricht. Ein Versuch mit 2325 Leipziger Volksschülern, Berlin/Bonn/Leipzig 1920.
Lockowandt, Oskar; Honegger-Kaufmann, Ada: Kreativer Erstschreibunterricht, in: Neuhaus-Siemon, E. (Hrsg.): Schreibenlernen im Anfangsunterricht der Grundschule, Königstein/Ts. 1981, S. 89–133.
Lockowandt, Oskar: Schöpferisches Schreiben – Buchstaben „finden“, in: Die Grundschule, Heft 9, 1986, S. 48–49.
Maas, Utz: Schrift – Schreiben – Rechtschreiben, in: Diskussion Deutsch, Heft 81, 1985, S. 4–25.
May, Peter: Schriftaneignung als Problemlösen, Frankfurt 1987.
Meiers, Kurt: Entdogmatisierung des Erstleseunterrichts, Bad Heilbrunn 1974.
Meis, Rudolf: Schreibleistungen von Schulanfängern und das Problem der Ausgangsschrift, in: Zeitschrift für experimentelle und angewandte Psychologie, Heft 10, 1963, S. 425–457.
Menzel, Wolfgang: Schreiben als kommunikative Handlung, in: Praxis Deutsch, Heft 12, 1975, S. 9–12.
Menzel, Wolfgang: Ausgangsschriften für das Schreibenlernen im ersten Schuljahr, in: Praxis Deutsch 1987, Heft 80, S. 7–9.
Neuhaus-Siemon, Elisabeth (Hrsg.): Schreibenlernen im Anfangsunterricht der Grundschule, Königstein 1981.
Neuhaus-Siemon, Elisabeth: Die Entwicklung des Erstschreibunterrichts seit den Schulreformbestrebungen in diesem Jahrhundert, in: Neuhaus-Siemon, E. (Hrsg.): Schreibenlernen . . ., Königstein 1981, S. 13–54.

Neuhaus-Siemon, Elisabeth: Vortrag auf der Herbsttagung der Deutschen Gesellschaft für Lesen und Schreiben, Würzburg 1986, Manuskript, Leitbilder von Schule und Unterricht und ihr Einfluß auf didaktische Konzeptionen des Schriftspracherwerbs.

Piaget, Jean: Sprachen und Denken des Kindes, Düsseldorf 1975.

Rathenow, P.; Vöge, J.: Erkennen und Fördern von Schülern mit Lese-Rechtschreib-Schwierigkeiten, Braunschweig 1982.

Rico, Gabriele L.: Garantiert schreiben lernen, Hamburg 1984.

Ruschel, Nikolaus: Experimentelle Untersuchungen über das Schreiben als Gedächtnisfaktor, Archiv für die ges. Psychologie, Band 57, 1926, S. 139–164.

Scharrelmann, Heinrich: Herzhafter Unterricht, Gedanken und Proben aus einer unmodernen Pädagogik, Hamburg 1910 (1. Auflage 1902).

Schorch, Günter (Hrsg.): Schreibenlernen und Schriftspracherwerb, Bad Heilbrunn 1983.

Sennlaub, Gerhard: Spaß beim Schreiben oder Aufsatzerziehung, Stuttgart 1980.

Sennlaub, Gerhard (Hrsg.): Heimliches Hauptfach Rechtschreiben, Heinsberg 1984.

Sheridan, Sally: Reading acquisition vs. reading learning, in: The Reading Teacher, February 1986, S. 500–503.

Skowronek, Helmut: Lernen und Lernfähigkeit, Düsseldorf 1974.

Spinner, Kaspar H. (Hrsg.): Identität und Deutschunterricht, Göttingen 1980.

Spinner, Kaspar H.: Poetisches Schreiben und Entwicklungsprozeß, in: Der Deutschunterricht, Heft 4, 1982, S. 5–19.

Spinner, Kaspar H.: Identitätsgewinnung als Aspekt des Aufsatzunterrichts, in: Identität und Deutschunterricht, Spinner, K. H. (Hrsg.), Göttingen 1980.

Spitta, Gudrun: Kinder schreiben eigene Texte, Klasse 1+2, Bielefeld 1985.

Spitta, Gudrun: Der Übergang von der Druckschrift zur Schreibschrift, in: Die Grundschule, Heft 9, 1986, S. 23–25.

Spitta, Gudrun; Wilhelm, Gerhard: Schreibbewegungsabläufe bei der Druckschrift, Kopiervorlagen, Pädagogisches Zentrum Berlin, Uhlandstraße 97, 1000 Berlin 31, 1987.

Stude, Michael: Eltern schreiben mit, in: Die Grundschule 1981, S. 69–71.

Temple, Ch. A.; Nathan, R. G.; Burris, N. A.: The Beginnings of Writing, Boston 1972.

Ulrich, Hans: Ein heikles Thema: Die Ausgangsschrift im Erstlese- und Erstschreibunterricht, in: Monatshefte für die Unterrichtspraxis (Die Scholle), Heft 4, April 1980, S. 228–233.

Valtin, Renate/Naegele, Ingrid (Hrsg.): Schreiben ist wichtig, Beiträge zur Reform der Grundschule 67/68, Arbeitskreis Grundschule, Frankfurt 1986.

Velthaus, Gerhard: Kreativität im ersten Schreiben – der Bedeutungsaspekt im Schreiblehrgang, Essen 1970.

Vogt, Fritz: Individueller und schöpferischer Schreibunterricht, Osterwieck 1922.

Wachtendorf, Heinold: Schulanfänger lernen Schreiben, in: Die Grundschule, Heft 9, 1980, S. 382–385.

Weigl, Egon: Schriftsprache als besondere Form des Sprachverhaltens, in: Adolf Hofer (Hrsg.): Lesenlernen: Theorie und Unterricht, Düsseldorf 1976.

Weigl. Egon: Schriftsprache ist mehr als Lesen und Schreiben, Die Grundschule 1978, Heft 7, S. 296–298.

Weinert, F.; Simons, H.; Essing, W.: Schreiblehrmethode und Schreibentwicklung, Weinheim 1966.

Wenzel, Achill: Anfangsunterricht, München 1979.

Wild, Ehrentraud: Inneres Sprechen – äußere Sprache: Psycholinguistische Aspekte einer Didaktik der schriftlichen Sprachverwendung, Stuttgart 1980.

Wolf, F.: Schulversuch mit der Vereinfachten Ausgangsschrift, in: Die Grundschule 1981, S. 75–76.

Wygotsky, L. S.: Denken und Sprechen, Frankfurt/M. 1964.

Wygotsky, L. S.: Das Spiel und seine Rolle für die psychische Entwicklung des Kindes, in: Ästhetik und Kommunikation, Heft 11, 4/1973, S. 16–37.

Rahmenpläne: Lehrplan für die Grundschule, Amtsblatt des Bayerischen Staatsministeriums für Unterricht und Kultus, Sondernummer 20, München 1981.

Vorläufiger Rahmenplan für das Fach Deutsch/Grundschule, Senator für Schulwesen, Berlin 1987.

Lehrer-Bücherei: Grundschule

Herausgeber: Horst Bartnitzky und Reinhold Christiani

Horst Bartnitzky
Sprachunterricht heute
Standortbestimmungen des Deutschunterrichts, Ziele – Wege – Unterrichtsanregungen, Beispiele und Arbeitspläne Bestell-Nr. 50101

Horst Bartnitzky, Reinhold Christiani (Hrsg.)
Materialband: Grundwortschätze
Grundlegende Aufsätze; Amtliche Wortschätze; Klassenwortschatz
Bestell-Nr. 50071

Horst Bartnitzky, Christa Fluck, Hannelore Gräser, Christine Kretschmer
Differenzierte Diktate: Klasse 3 und 4
Klassendiktate; tägliche Übungen, Beurteilung Bestell-Nr. 50055

Horst Bartnitzky, Mechthild Peisker, Sigrid Wattendorff
Eltern helfen in der Schule
bei Festen, Feiern und Ausflügen, bei Projekten, im Unterricht
Bestell-Nr. 50004

Gertrud Beck, Wilfried Soll (Hrsg.)
Heimat, Umgebung, Lebenswelt
Regionale Bezüge im Sachunterricht. Überlegungen und Beispiele; Anregungen für ein schulnahes Curriculum
Bestell-Nr. 50160

Susanne Bobrowski, Eva-Maria Wuschansky
Differenzierte Lernkontrollen im Mathematikunterricht: Klasse 1 und 2
Konzeption und Beispiele, Beurteilung, Auswertung Bestell-Nr. 50020

Hans-Dieter Bunk
Zehn Projekte zum Sachunterricht
Projektbegriff, Projektverläufe, Projektvorschläge Bestell-Nr. 50136

Annette Kayser, Lieselotte Schäkel
Kinder und Lehrer lernen: Freie Arbeit
Anregungen und Beispiele; Tips für Klassenraum und Materialien
Bestell-Nr. 50047

Ingrid Naegele, Rosemarie Portmann
Materialband: Kommt, wir spielen draußen
Spielförderung; Spielesammlung, didaktisch kommentiert Bestell-Nr. 50063

Ingrid Niedersteberg
Aufbau eines Grundwortschatzes: Klasse 1 und 2
Grundwortschatz, Erarbeitung und Übung, Differenzierung
Bestell-Nr. 50012

Christa Röber-Siekmeyer
Sprachlicher Anfangsunterricht mit Ausländerkindern
Deutsch verstehen, sprechen, lesen, schreiben; Wortschatz und Grammatik
Bestell-Nr. 50039

Gudrun Spitta
Kinder schreiben eigene Texte: Klasse 1 und 2
Lesen und Schreiben im Zusammenhang; spontanes Schreiben; Schreibprojekte Bestell-Nr. 50098

Gudrun Spitta
Von der Druckschrift zur Schreibschrift
Entdeckendes Schreibenlernen; Schreiben lernen mit Druckschrift; Übergänge zur Schreibschrift Bestell-Nr. 50144

Lieselotte Stohlmann
Singen in der Grundschule
Probleme mit dem Singen; vielseitiger Umgang mit Liedern; Liedauswahl und Liederspiele Bestell-Nr. 50080

Heinrich Winter
Mathematik entdecken
Neue Ansätze für den Unterricht in der Grundschule. Reformen und Gegenreformen; Entdeckendes Lernen; kreatives Üben – das 1×1 Bestell-Nr. 50110

Heinrich Winter
Sachrechnen in der Grundschule
Problematik des Sachrechnens, Funktionen des Rechnens, Unterrichtsprojekte Bestell-Nr. 50128

scriptor